COMO ESTUDAR FILOSOFIA

AUTORES

Clare Saunders. University of Sunderland and University of Durham.

David Mossley. University of Durham and Birkbeck College, University of London.

George MacDonald Ross. National Teaching Fellow and Senior Lecturer in Philosophy, University of Leeds.

Danielle Lamb. University of Leeds.

Julie Closs. Communications Co-ordinator at the Subject Centre for Philosophical and Religious Studies.

C735   Como estudar filosofia : guia prático para estudantes / Clare Saunders ... [et al.] ; tradução : Vinicius Figueira. – Porto Alegre : Artmed, 2009.
168 p. ; 23 cm.

ISBN 978-85-363-2010-6

1. Filosofia para estudantes. I. Saunders, Clare.

CDU 1-057.87

Catalogação na publicação: Renata de Souza Borges CRB-10/1922

COMO ESTUDAR FILOSOFIA

Guia prático para estudantes

**Clare Saunders
David Mossley
George MacDonald Ross
Danielle Lamb
Julie Closs**

Tradução:
Vinicius Figueira

Consultoria, supervisão e revisão técnica desta edição:
Valerio Rohden
*Doutor e livre-docente em Filosofia pela Universidade
Federal do Rio Grande do Sul, com pós-doutorado
na Universidade de Munster, Alemanha.*
Professor titular de Filosofia na Universidade Luterana do Brasil

artmed®

2009

Obra originalmente publicada sob o título *Doing philosophy: a practical guide for students*
ISBN 978-0-8264-9873-1

© 2007, Clare Saunders, David Mossley, George MacDonald Ross, Danielle Lamb and Julie Closs.

Published by arrangement with Continuum International Publishing Group.

Capa
Paola Manica

Preparação do original
Maria Rita Quintella

Leitura final
Marcos Vinícius Martim da Silva

Supervisão editorial
Mônica Ballejo Canto

Projeto e editoração
Armazém Digital® Editoração Eletrônica – Roberto Carlos Moreira Vieira

Reservados todos os direitos de publicação, em língua portuguesa, à

ARTMED® EDITORA S.A.
Av. Jerônimo de Ornelas, 670 – Santana
90040-340 Porto Alegre RS
Fone (51) 3027-7000 Fax (51) 3027-7070

É proibida a duplicação ou reprodução deste volume, no todo ou em parte, sob quaisquer formas ou por quaisquer meios (eletrônico, mecânico, gravação, fotocópia, distribuição na Web e outros), sem permissão expressa da Editora.

SÃO PAULO
Av. Angélica, 1091 – Higienópolis
01227-100 São Paulo SP
Fone (11) 3665-1100 Fax (11) 3667-1333

SAC 0800 703-3444

IMPRESSO NO BRASIL
PRINTED IN BRAZIL
Impresso sob demanda na Meta Brasil a pedido de Grupo A Educação.

Prefácio

Ao escrever este livro, nós não só usamos como base nossa própria experiência e nosso conhecimento, como também nos beneficiamos do aconselhamento de inúmeros professores e alunos de filosofia de uma ampla gama de universidades e faculdades do Reino Unido e de outros países – listá-los aqui seria equivalente a escrever outro livro. Não obstante, alguns agradecimentos em particular são devidos aos seguintes indivíduos e organizações.

Em primeiríssimo lugar, devemos agradecer à nossa colega Julie Closs, que foi nossa editora particular e responsável por transformar nossas meditações, nem sempre organizadas, em um guia organizado. Este livro não teria sido possível sem seu *insight*, seu conhecimento e seu trabalho árduo – isso para não mencionar sua paciência com as singularidades de cada autor.

Também tiramos grande proveito dos comentários, das sugestões e das críticas oferecidas pelos filósofos que revisaram nossos primeiros esboços do livro: Keith Crome (Manchester Metropolitan University), Betsy Decyk (California State University, Long Beach), Edward Grefenstette (British Undergraduate Philosophy Society) e Dave Leal (University of Oxford). Também somos gratos aos inúmeros alunos de filosofia da Universidade de Leeds que, da mesma forma, forneceram-nos uma orientação inestimável tanto sobre o conteúdo quanto sobre o estilo deste livro.

Nota sobre a edição brasileira

Este livro foi originalmente escrito para estudantes de língua inglesa. Em decorrência disso, dispõe de certo nível de funcionalidade, que poderá requerer um trabalho complementar do estudante e do professor de língua portuguesa, perfeitamente de acordo com o espírito da obra. Por isso recomendamos que na sua utilização seja levado em conta o seguinte:

1. Do ponto de vista da funcionalidade, restará ao professor e ao estudante de língua portuguesa repensar o que é proposto em diversas lições, não só esclarecendo o significado de termos ingleses mantidos no original, mas principalmente recorrendo a indicações bibliográficas complementares sobre traduções disponíveis de algumas das obras indicadas, bem como sobre textos equivalentes de autores de língua portuguesa. Essa parcial reelaboração poderá constituir parte relevante do aprendizado proposto. Não caberia ao tradutor ou ao revisor técnico intervir no conteúdo do livro e complementá-lo com essas indicações. Essa é uma espécie de tarefa nova que a compreensão do significado da obra nos desafia assumir.
2. O nível do aprendizado filosófico aqui proposto poderá tornar qualquer estudante um ótimo estudante de filosofia. Tornar-se, nesse sentido, tão bom como qualquer estudante internacional de filosofia, longe de constituir demérito, imitação ou desafio descabido, é um padrão de medida útil do que se espera de qualquer um. Nós precisamos de exemplos de ideias sobre como conquistar um bom nível de iniciação filosófica. Este livro mostra isso de maneira invejável, pratica e filosoficamente.
3. Por isso podemos dizer que a Artmed, com a publicação brasileira desta obra, contribui para tornar acessível aos estudantes universitários – iniciantes ou não – e aos professores que os guiam uma proposta valiosa de como estudar filosofia de modo comparativamente semelhante a qualquer forma de iniciação científica que pretenda tornar-se ciência. Nesse sentido, temos em mãos um livro essencial.

Valerio Rohden

Sumário

PREFÁCIO v
INTRODUÇÃO 9

1. ESTUDANDO FILOSOFIA 11
   O que é filosofia? 11
   Por que estudar filosofia? 16
   O que implica estudar filosofia? 17
   Resumo 20
   Notas 20

2. LENDO FILOSOFIA 21
   O que ler 21
   Como ler 31
   Resumo 66
   Notas 66

3. TOMANDO NOTA 69
   Por que é importante anotar? 69
   Conteúdo – o que devo escrever? 70
   Método – como devo tomar notas? 72
   Um exemplo de anotações eficazes 75
   Adaptando seus métodos ao contexto 76
   Fazendo melhor uso de suas notas 81
   Resumo 84

4. DISCUSSÃO 85
   O valor da discussão 85
   Seminários de discussão 88
   Outras formas de discussão 94
   Resumo 96

5. **ESCREVENDO FILOSOFIA** 97
   O que escrever..97
   Como escrever 103
   Exemplos de questões de ensaio..119
   Avaliação e *feedback*..144
   Resumo 151
   Notas 151

6. **RECURSOS** 153
   Recursos da biblioteca..153
   Recursos da internet...159
   Sistemas de apoio 162

ÍNDICE 167

Introdução

O objetivo deste livro é oferecer ao aluno de graduação um guia prático para estudar filosofia. Queremos apresentar-lhe os métodos e as técnicas da filosofia. Não se trata de um manual do tipo "como fazer", pois isso implicaria a existência de apenas *um* método para se fazer filosofia – e há muitos. Ao contrário, o livro apresenta uma variedade de estratégias práticas para abordar as tarefas que a maior parte dos alunos do primeiro ano encontrará.

Há muitos guias para estudo geral e introduções à filosofia, e você pode ler sobre eles no Capítulo 6, "Recursos", ao final do livro. Não temos como objetivo copiar nenhum desses guias, mas, sim, oferecer um olhar estruturante ao processo de construção de um diploma em filosofia. Este livro é singular no sentido de que pretende oferecer ao leitor uma série de recursos em geral necessários à problemática transição entre o ensino médio e o estudo da filosofia em nível de graduação.

Mesmo que os métodos de ensino mudem, você provavelmente continuará a estudar filosofia pela leitura de textos filosóficos e será, em geral, avaliado pela escrita de ensaios ou artigos. A abordagem que adotamos indica que os capítulos sobre leitura e escrita de filosofia são, de longe, os mais extensos. Isso porque você provavelmente passará a maior parte do tempo nessas atividades – havendo, naturalmente, mais a dizer sobre elas.

A estrutura do livro é *grosso modo* cronológica, baseada na ordem na qual os novos alunos enfrentarão determinadas tarefas e desafios quando estiverem estudando filosofia.

No Capítulo 1, "Estudando filosofia", apresentamos os desafios, os benefícios e o modo pelo qual a filosofia difere de outras disciplinas que você talvez já tenha estudado. Abordamos os questionamentos que se deve fazer para tomar a decisão de estudar, ou não, filosofia.

Depois de estar decidido a estudar filosofia e de ter obtido uma vaga na universidade, a primeira coisa que o aluno provavelmente terá de fazer é ler filosofia. Pode ser que lhe enviem uma lista de leitura até mesmo antes do ingresso no curso, o que pode ajudá-lo a preparar-se para o ano letivo. Assim, no Capítulo 2, "Lendo filosofia", falamos sobre o que fazer quando uma lista de leitura lhe é apresentada, e como fazer para analisar textos variados.

Enquanto estiver lendo ou assistindo a aulas, você precisará tomar notas – e nós apresentamos estratégias para isso no Capítulo 3, "Tomando nota".

Em um curso de filosofia, em geral, você terá de preparar leituras e notas antes de ir para a aula. No Capítulo 4, "Discussão", trataremos de seminários e aulas. Sugerimos maneiras pelas quais você poderá aproveitar ao máximo o tempo em que estiver discutindo filosofia, dentro e fora da sala de aula.

O ponto de culminância de ler e falar sobre filosofia é normalmente um ensaio ou artigo. Assim, passamos ao tópico concernente a escrever (sobre) filosofia. No Capítulo 5, "Escrevendo filosofia", apresentamos os vários tipos de questões que você terá de enfrentar e, por meio de questões para ensaio, desenvolvemos uma ideia mais clara sobre o que é necessário pensar quando estiver escrevendo seus textos.

O Capítulo 6, "Recursos", contém informações sobre livros e artigos mencionados nos capítulos precedentes – recursos que você talvez considere úteis para o estudo – e conselhos sobre como encontrá-los e usá-los eficazmente. O capítulo também traz um pequeno glossário de termos que devem ajudar a dar início a seus estudos.

Esperamos que, ao enfatizar as diferentes espécies de atividade presentes em um curso de filosofia, e ao passar por elas na mesma ordem em que os alunos geralmente passam, você fique bem preparado para enfrentar o que está por vir. Este livro pode ser usado por pessoas que estejam pensando se querem ou não estudar filosofia, a fim de que tenham uma melhor ideia sobre o que tal decisão implica. O livro tem como principal público-alvo o aluno do primeiro ano de graduação, independentemente de seu histórico ou sua experiência educacional. Esperamos que as informações e aconselhamentos sobre como fazer a transição para o estudo superior de filosofia sejam úteis ao longo de todo curso.

1
Estudando filosofia

O QUE É FILOSOFIA?

A filosofia não se parece com nenhuma outra disciplina. Mesmo os filósofos profissionais consideram bastante difícil definir o que é a filosofia e, com frequência, eximem-se de declarar o que a filosofia é, preferindo dar exemplos de coisas que os filósofos fazem. A definição dos dicionários para "filosofia" (e também a tradução literal da origem grega da palavra) é "o amor pela sabedoria", algo que parece se estender a quase tudo (de fato, a filosofia engloba o estudo da ciência, da arte e da linguagem e, para quase toda disciplina que se possa pensar, haverá uma "filosofia da" tal disciplina).

Mas o que diferencia a filosofia de outras disciplinas? Embora a filosofia de fato tenha suas próprias áreas de pesquisa, uma das suas características mais distintivas não é tanto *o que* se estuda, mas *como* se estuda – e é isso que faz a experiência de estudar filosofia bastante diferente da experiência de estudar qualquer outra disciplina. Na filosofia, aprendemos a identificar e a pensar com cuidado sobre nossas mais simples ideias e teorias – aquelas que sustentam toda a busca pelo conhecimento que fazemos em outras áreas. Isso já foi caracterizado como "um trabalho parecido com o do encanador" ou como "engenharia conceitual".[1] Buscamos examinar o que está por trás de nossas preocupações cotidianas, os sistemas e as estruturas que sustentam nosso pensamento (e que em geral sequer percebemos), bem como testar sua solidez.

Por causa dessa abordagem distinta, em geral é mais fácil entender a natureza da filosofia por meio de exemplos de como se "faz filosofia" do que pela definição de seu campo de estudos. Isso ajuda-nos a apreciar de maneira mais completa de que modo – mesmo quando o objeto de nosso estudo é comum a mais de uma disciplina – a filosofia tem uma contribuição diferenciada a fazer para nosso conhecimento e nossa compreensão do mundo.

> **Estudo de caso**
>
> Liz foi pega roubando em uma loja de departamentos pela terceira vez em três semanas. A polícia foi chamada e Liz, presa, acusada de roubo. Quando seu caso foi a julgamento, o advogado de defesa argumentou que Liz era cleptomaníaca.
>
> Por que essa argumentação é relevante e que diferença pode trazer ao caso?

Um exemplo como esse pode ser discutido por várias disciplinas universitárias:

- No Direito, pode-se considerar se a cleptomania de Liz deve ou não ser levada em consideração no momento de decidir sobre a sentença criminal mais adequada.
- Na Psicologia, pode-se investigar se a cleptomania corresponde a uma doença mental, que pode ou não ser tratada eficazmente.

Contudo, na filosofia, estudamos as questões *subjacentes* suscitadas pelo caso – questões que dizem respeito ao livre arbítrio humano e à responsabilidade.

Define-se a cleptomania como " tendência irresistível ao roubo" – se Liz for cleptomaníaca, ela se sente compelida a roubar? O que, exatamente, significa ser "compelida" em tal contexto? Em que medida isso é diferente de se ter de roubar sob a ameaça de uma arma?

Se a cleptomania de Liz for de fato um comportamento compulsivo, ela não consegue agir de outro modo – ou seja, se esse for o caso, ela não teve escolha. Impõe-se a questão: somos responsáveis por ações sobre as quais não temos escolha? Eu não escolho pegar uma gripe e, por causa dela, não posso deixar de escolher buscar ajuda dos outros (de minha família, dos meus amigos, do sistema de saúde) enquanto estiver gripado – e não posso ser culpado por isso. De que modo a situação de Liz é diferente?

Por meio dessas perguntas subjacentes e da busca de respostas a elas, a filosofia ajuda-nos a entender diferentemente o caso de Liz, mas também nos ajuda a fazer muito mais do que isso. A filosofia incentiva-nos e nos capacita a explorar o quadro geral que está por trás das particularidades da situação de Liz – a examinar as ideias e os princípios que sustentam tal caso: ideias e princípios que dizem respeito à liberdade humana e à responsabilidade por nossas ações, bem como à conexão entre essas duas noções.

É a partir da perspectiva filosófica que podemos perguntar (por exemplo): "Se sou geneticamente predisposto a correr riscos, a ter um comportamento agressivo, devo ser responsabilizado por isso?" – ou, no limite: "Se a ciência, em última análise, for capaz de oferecer uma explicação completa de todo meu comportamento, serei então verdadeiramente livre?"

Essas questões filosóficas são também cruciais para que tenhamos uma base para abordar as questões práticas levantadas no âmbito de nossas outras investigações. Precisamos desenvolver nossa compreensão do que é ser responsável por nossas ações, antes de formar um juízo sobre várias questões – por exemplo, as que dizem respeito a quem é capaz de tomar decisões autônomas: crianças, adultos com dificuldades de aprendizagem, pessoas que estejam sob o efeito de drogas.

Assim, esse estudo de caso ajudará a entender como a filosofia não está apenas preocupada com grandes teorias abstratas: ela também tem implicações reais na vida cotidiana.

Sobre o que pensam os filósofos

Embora o estudo da filosofia e as habilidades que ela acarreta possam ser aplicadas a qualquer área do conhecimento, há algumas questões filosóficas que conduzem boa parte das investigações. São elas:

- O que existe?
- O que pode ser conhecido?
- Como se deve viver?
- O que é um bom raciocínio?

Essa lista não deixa de ser controversa e alguns filósofos diriam que deveríamos incluir outras questões ou que deveríamos dispensar outras. Contudo, a maior parte dos filósofos em atividade hoje reconheceria o valor de tais questões como concernentes ao núcleo da filosofia, e que elas oferecem uma visão básica dos tipos de questões que você estudará como aluno de filosofia.

O QUE EXISTE OU O QUE HÁ?

Essa é a base de um ramo da filosofia chamado de **metafísica**. Embora um físico pudesse responder citando algo sobre a natureza da realidade física, e um sociólogo algo sobre a natureza das sociedades, um metafísico buscaria os conceitos fundamentais e as teorias subjacentes que nos dizem como é sequer possível fazer perguntas sobre física e sociologia ou mesmo sobre a vida cotidiana. O que é uma coisa individual? Como as partes formam um todo? Quais são as propriedades das coisas? O que é um fato? Como funcionam as causas? Mas podemos fazer perguntas metafísicas sobre outros campos de investigação. O que são os números? O que é uma pessoa? As entidades teóricas e inobserváveis, como os *quarks*, de fato existem? As partes de uma sociedade são reais? Um universo feito apenas de espaço vazio tem sentido? Todas essas são igualmente perguntas metafísicas, quando colocadas no contexto da investigação filosófica.

Alguns filósofos perguntaram-se sobre a verdadeira natureza do próprio ser, tentando descobrir se há algo significativo a ser dito sobre o modo como nós, investigadores capazes de refletir acerca de nossa própria existência, nos relacionamos com a realidade. Outros perguntaram por que há alguma coisa em vez de nada; outros usaram conceitos metafísicos para sondar os conceitos e a natureza de Deus e dos deuses, das mentes, do tempo, da arte, da história e até dos formigueiros – enfim, de todos os aspectos da experiência e da investigação humanas. Finalmente, houve filósofos que argumentaram que as perguntas metafísicas não têm sentido ou que, na melhor das hipóteses, têm pouco valor, enquanto outros têm tentado demonstrar que *toda* espécie de investigação requer uma metafísica. A história da metafísica é rica e, sozinha, tomaria toda uma vida de estudos.

O que pode ser conhecido?

Essa é a pergunta central da **epistemologia**, o estudo do conhecimento. Outras questões básicas são: o que é o conhecimento? De que forma o conhecimento é diferente da crença? Podemos conhecer algo sem a experiência? Será que podemos mesmo dizer que conhecemos algo? Esse é o grande problema do ceticismo que muitas vezes surgiu na história da filosofia sob diferentes roupagens. Assim como na metafísica, podemos perguntar sobre o *status* do conhecimento em outras áreas. Qual é a natureza do conhecimento científico? Como é que se dá o conhecimento na Matemática? O que é a crença religiosa? Que conhecimento podemos ter de outras mentes? E assim por diante. Podemos voltar essa linha de investigação à própria filosofia e perguntar sobre o *status* do conhecimento filosófico. As questões epistemológicas também estiveram no centro da filosofia na maior parte de sua história. Os tratamentos técnicos da epistemologia são abundantes na filosofia e, uma vez arranhada a superfície, ir a fundo nas questões epistemológicas pode ser extremamente compensador e envolvente.

Como se deve viver?

Os problemas suscitados pela **ética** talvez sejam mais familiares do que aqueles relacionados à metafísica e à epistemologia. Talvez nos perguntemos se lutar em uma determinada guerra é justificável ou se mentir está sempre errado. Talvez tenhamos passado por experiências pessoais que implicaram escolhas morais muito difíceis, como em casos de eutanásia, aborto, igualdade social ou política, tratamento de animais, o que comer, comportamento sexual e assim sucessivamente. A filosofia volta-se a essas questões de valor para tentar encontrar modelos que possam nos ajudar a fazer melhores escolhas – e também se volta a questões mais profundas da moralidade em si. O que constituiria o humano? Qual é a base do comportamento ético? O que é ser virtuoso? O bem da maioria suplanta o bem da minoria ou do indivíduo? Temos obrigações morais para com os outros? Qual a relação entre valores seculares e religiosos?

Além disso, juntamente com essa linha de questionamento talvez também encontremos a investigação filosófica que se volta à natureza da sociedade e aos valores que gostaríamos que ela refletisse. É mais importante que os indivíduos sejam livres para agir como desejam ou que a sociedade seja ordenada e justa? Deve haver a redistribuição positiva da riqueza aos pobres? Que tipo de sociedade faríamos se não soubéssemos o papel que temos nela? O que é uma lei?

A filosofia moral e a ética são tópicos fundamentais da filosofia e, pode-se dizer, aqueles que mais geram debates e controvérsias entre não-filósofos. Observando um determinado valor de maneira mais geral, podemos incluir questões sobre o *status* de nossas experiências estéticas e a natureza da arte em uma investigação de como se viver uma vida valorosa, uma vida que valha a pena. A **estética**, a filosofia da arte em termos mais amplos, nunca se afastou das preocupações dos filósofos. Também podemos fazer perguntas metafísicas e epistemológicas sobre valores, ética e estética.

O que é um bom raciocínio?

Pensar de maneira clara e crítica é crucial para a filosofia. Assim, não é surpresa que as questões sobre o raciocínio sejam parte do repertório filosófico. O que todos os bons raciocínios têm em comum? A racionalidade é algo inerente ao nosso cérebro? A racionalidade foi sempre a mesma em todos os tempos e lugares? A **Lógica** é frequentemente a primeira coisa que vem à mente quando pensamos sobre o raciocínio, e é hoje um campo altamente especializado que informa boa parte da tecnologia contemporânea, direta ou indiretamente, na informática, por exemplo. Mas a lógica formal, que usa símbolos para representar as formas dos argumentos, é apenas parte da história, e os filósofos sempre se dedicaram a encontrar caminhos para definir a maneira adequada de pensar de modo mais geral. Diferentemente das abordagens psicológicas que são descritivas, os estudos filosóficos do pensamento crítico tendem a voltar-se a encontrar e a definir as melhores estratégias, de um modo que se diferencie um pensamento adequado de um pensamento inadequado.

Podemos expandir essas ideias, porque há uma conexão com os pensamentos dos filósofos sobre a natureza e sobre o papel da linguagem em nosso pensar. Os filósofos têm-se perguntado sobre como o significado relaciona-se com a verdade e com o mundo. A **filosofia da linguagem** é um ramo, em grande medida, moderno da filosofia e que se dedica ao modo como funciona a linguagem, como ela adquire significado, refere-se ao mundo e limita ou estrutura nossas experiências no mundo – questões que tocam todas as outras questões da filosofia.

É claro que para qualquer questão que você aborde na filosofia haverá uma mistura diferente de tópicos metafísicos, epistemológicos, éticos e lógicos a considerar. Esta breve pesquisa que aqui fazemos dará a você uma ideia do que está por vir em seus estudos futuros.

POR QUE ESTUDAR FILOSOFIA?

Por ter decidido estudar filosofia ou mesmo se tiver apenas apanhado este livro para entendê-la melhor, é provável que você já esteja motivado por um interesse na filosofia – pelas questões a que ela se propõe, pelos métodos que usa – e na impressão de que há algo especial em ser um filósofo. Vamos dar uma olhada no estudo da filosofia de maneira mais detalhada, para ver por que pensamos que ela tem valor e o que você tem a ganhar com isso.

O estudo da filosofia prepara-nos para pensar cuidadosa e claramente sobre questões importantes. Precisamos ser capazes de olhar além e por baixo das circunstâncias específicas ou dos exemplos (como no caso da cleptomania que citamos), examinar se nossas crenças, nossas teorias e nossos argumentos contêm hipóteses ocultas ou lacunas que podem nos levar a conclusões equivocadas ou a defender opiniões incongruentes. Embora possamos, em nossa vida cotidiana, aceitar sem muitos questionamentos o saber que recebemos, é de vital importância que sejamos capazes de examinar criticamente as questões, identificando pontos em que opiniões subjacentes influenciam áreas de nosso pensamento (para o bem ou para o mal), e que também saibamos identificar quais seriam as consequências decorrentes de uma mudança de perspectiva.

É nesse ponto que a filosofia entra em cena. Ao estudar filosofia, aprendemos a dar um passo para trás em nosso pensamento cotidiano e a explorar as questões maiores e mais profundas que fundamentam nosso pensamento. Aprendemos a identificar as conexões ocultas e os raciocínios falhos, e buscamos desenvolver nosso pensar e nossas teorias, de modo que estejam menos propensos a erros, lacunas ou incongruências. Essa é uma contribuição vital para o conhecimento humano. E também uma habilidade crucial para a vida.

Ao estudar filosofia na universidade, você não aprenderá somente a controlar uma área do conhecimento. "O núcleo da filosofia é um conjunto de modos de pensar" – o foco de seu estudo filosófico será aprender não em que acreditar, mas como pensar. Esse é um dos pontos fortes, e um dos principais benefícios, sim, que distinguem o estudo da filosofia. Enquanto o conhecimento aprendido em outras disciplinas fica obsoleto por causa de descobertas e inovações, a capacidade de pensar não ficará. Na verdade, ela dará a você as "ferramentas" do pensamento de que você precisa para reagir a situações em que há mudança.

Estudar filosofia aguça sua capacidade analítica, preparando-o para identificar e para avaliar os pontos fortes e fracos de qualquer posição. Também afia sua capacidade de construir e de articular argumentos convincentes por conta própria. Você também se sentirá mais à vontade para trabalhar nas intersecções disciplinares e para pensar de maneira flexível e criativa sobre os problemas para os quais não há solução imediata. Pelo fato de uma filosofia ser uma atividade tanto quanto uma área do conhecimento, ela também desenvolve sua capacidade de pensar e de trabalhar independentemente.

Não há áreas proibidas à investigação filosófica, e as técnicas filosóficas são aplicáveis universalmente. Diferentes escolas filosóficas têm defendido sistemas que pintam todos os aspectos da vida humana de maneiras bastante contrastantes. Nele, você verá diferentemente o universo e o lugar da humanidade, se for ateu ou se for crente; se você acreditar que todo o nosso conhecimento deriva da experiência e não de uma combinação de experiência e razão; se você acreditar que nossa vontade é totalmente determinada por leis causais e que não é capaz de agir livremente. Mesmo que você suspenda seu julgamento acerca de tais questões (como alguns filósofos fazem de maneira justificada), o que você estudar delas fará com que se sinta enriquecido pelo entendimento da complexidade das ciências físicas e humanas, algo de que alunos de outras disciplinas talvez se ressintam.

Todas essas capacidades aumentarão a sua experiência educacional enquanto você estiver estudando, mas elas também farão uma diferença duradoura em sua vida. Tais qualidades são muito exigidas no mundo de hoje – os empregadores de todas as áreas buscam recrutar líderes potenciais que saibam analisar, julgar, resolver problemas, influenciar e que tenham flexibilidade, criatividade e alta capacidade comunicativa.[2] Embora todos os cursos de graduação busquem desenvolver essas capacidades, pode-se dizer que nenhuma disciplina as atende tão bem quanto a filosofia.[3] A graduação em filosofia, portanto, dará a você excelentes fundamentos para seu futuro – o enfoque dado ao desenvolvimento do pensamento crítico é algo que se valoriza em todas as esferas da vida.

O QUE IMPLICA ESTUDAR FILOSOFIA?

O enfoque principal do restante deste livro será dar-lhe uma ideia do que esperar de seus estudos de graduação (e do que os cursos de graduação esperam de você). O livro o ajudará a desenvolver as habilidades filosóficas necessárias para completar com sucesso o curso que escolheu. Então analisemos em maiores detalhes o que acarretará estudar filosofia.

O primeiro, e talvez mais importante, ponto a ser observado é que estudar filosofia em nível de graduação será bastante diferente de suas experiências de aprendizagem na escola ou em nível inferior ao universitário (independentemente de quanto tempo faça que você concluiu seus estudos secundários). Mesmo que já tenha estudado filosofia antes, os cursos de graduação exigem que você desenvolva e demonstre um nível bastante diferente e uma amplitude maior em sua capacidade filosófica – se você for inteiramente inexperiente no estudo da filosofia, é mais do que provável que sua experiência anterior não o tenha preparado para a experiência de leitura necessária a um curso de graduação em filosofia. Muitas dessas diferenças serão previsíveis se considerarmos o que acabamos de dizer sobre a natureza distinta da filosofia – contudo, vale a pena ser explícito sobre o que esperar, já que muitos alunos constatam que a transição para um curso de graduação em filosofia é desafiadora.

Talvez a maior diferença do curso de graduação em filosofia seja conferir grande ênfase à capacidade de analisar e de, então, construir argumentos. Como já dissemos, a filosofia é tanto uma atividade como uma área do conhecimento, assim a precisão factual – embora importante – não será por si só suficiente para fazer com que você obtenha notas excelentes.

Conhecer os grandes pensadores do passado e suas teorias é fundamental para os estudos – como em qualquer disciplina, é importante desenvolver uma compreensão minuciosa dos tópicos principais da área. Contudo, a filosofia na graduação é muito mais do que a história das ideias – seus professores de filosofia em geral estarão muito mais interessados em como você analisa as teorias discutidas e em como estrutura seus próprios argumentos relativos a elas. Eles também estarão interessados em saber o que você pensa, e não só o que conseguiu aprender sobre o que os outros disseram sobre o tema estudado – você *aprenderá a fazer* filosofia e não *sobre* filosofia: e a melhor forma de fazer isso é arriscar ter seus próprios argumentos.

Há, é claro, um equilíbrio a ser atingido aqui – você precisa desenvolver suas ideias não em um vácuo, mas levando em consideração as teorias filosóficas de outros. Se quiser tirar o máximo de seu curso, deve tentar filosofar, e não só aprender sobre os filósofos. Essa é a principal diferença de fazer filosofia – o sucesso depende não só de absorver o conhecimento, mas de desenvolver e demonstrar o seu próprio entendimento crítico das questões estudadas e o modo como interage com elas. Pelo fato de a filosofia somente em pequena medida tratar da transmissão do conhecimento, a ênfase está na filosofia como uma atividade e um processo, mais do que em um simples produto. Você aprende as virtudes filosóficas de revelar e examinar hipóteses ocultas; de detectar confusões conceituais e de esclarecê-las; de revelar e resolver contradições, e assim sucessivamente.

Assim como ocorre com outras disciplinas, a filosofia é em geral contestada. Em vez de haver um só corpo de conhecimento aceito que devamos aprender, somos apresentados a uma gama de teorias conflitantes que fazem com que usemos a razão e argumentemos sobre seus méritos respectivos. Com frequência, não haverá soluções perfeitas para os problemas filosóficos. Algumas respostas podem ser mais bem-defendidas, ou nos equipam melhor para lidar com outras questões, mas nenhuma detém um lugar permanente, fixo e incontestável no pensamento de todos os filósofos. Assim, desde o começo precisamos entender que a filosofia tem o potencial de mudar o modo como pensamos sobre nós mesmos, sobre o mundo e sobre tudo que nele está. Você precisará pôr em questão suas próprias ideias e as ideias e teorias de outros, para ver como elas funcionam ou como poderiam se desenvolver.

A fim de fazê-lo, o estudo da filosofia exige que nós pensemos muito mais cuidadosamente, usando métodos muito mais rigorosos em nossos questionamentos do que aqueles com que possamos estar acostumados. Embora isso possa parecer difícil no início, fique ciente de que as habilidades envolvidas no pensar e no trabalhar filosóficos podem ser identificadas e praticadas. O propósito deste livro é analisar as demandas que distinguem o estudo da filosofia e apresentar algumas estratégias para o desenvolvimento das habilidades necessárias.

Vale a pena observar que estudar filosofia é algo que pode representar um desafio especial se seu curso de graduação estiver conjugado com outras disciplinas. As qualidades que constituem um bom trabalho em filosofia não são precisamente as mesmas que são estimadas no trabalho das outras disciplinas – você provavelmente precisará ajustar sua abordagem de acordo com as ênfases e a particularidade de cada matéria estudada.

Você, hoje, talvez se sinta inclinado a estudar filosofia na universidade porque já começou a pensar filosoficamente. Por outro lado, sua decisão pode ser um salto para o desconhecido. Um conselho: se você for o tipo de pessoa que gosta de chegar a respostas definitivas, organizadas e irretocáveis – e/ou se começou seus estudos esperando "descobrir o sentido da vida" –, há uma grande chance de que você ache o estudo da filosofia um tanto quanto frustrante, embora isso não necessariamente signifique que você não venha a considerar o estudo da filosofia satisfatório e compensador. Depois de aprender a olhar para as coisas filosoficamente, questões que antes pareciam dadas passarão a ser problemáticas. Com frequência você será capaz de ver todos os lados de uma mesma história, e claras distinções entre o bem e o mal poderão se tornar muito mais obscuras. Em geral, a filosofia amplia nossa compreensão não por ampliar nosso conhecimento, mas por ampliar aquilo que sabemos sobre o que fazemos e conhecemos. A capacidade de lidar com essas espécies de incerteza, e de superá-las, certamente o ajudará a vicejar no estudo da filosofia.

RESUMO

Este capítulo apresentou os tipos de questionamentos que formam a base do estudo da filosofia como disciplina e as habilidades a serem desenvolvidas enquanto se estiver aprendendo a ser um filósofo. Analisar mais profundamente essas habilidades e apresentar várias estratégias para praticá-las e melhorá-las será o enfoque do restante deste livro.

NOTAS

1. A analogia entre a filosofia e o trabalho do encanador foi elaborada por Mary Midgley; a definição de filosofia como "engenharia conceitual" é de Simon Blackburn. Os dois autores apresentam introduções bastante acessíveis à filosofia.

   Midgley, Mary (1992). "Philosophical plumbing", in A. Phillis Griffiths (ed.) (1992), *The Impulse to Philosophise*. Cambridge: Cambridge University Press. pp. 139-152.

   Blackburn, Simon (1999), *Think: A compelling Introduction to Philosophy*. Oxford: Oxford University Press.

   (Ver também o Capítulo 3, para mais discussões acerca do argumento de Midgley).

2. Essa citação foi retirada do *Subject Benchmark Statement for Philosophy*, que delineia o que se pode esperar de um curso de filosofia em qualquer universidade do Reino Unido – inclusive as habilidades e os atributos pessoais que um aluno deve desenvolver durante o curso:

   Quality Assurance Agency for Higher Education (2000), *Philosophy Subject Benchmark Statement*. Gloucester: Quality Assurance Agency for Higher Education.

   O texto integral está disponível em www.qaa.ac.uk/academicinfrastructure/benchmark/honours/philosophy.asp

3. Maiores detalhes sobre quais qualidades os empregadores estão procurando nos alunos de pós-gradução e de como a filosofia pode prepará-lo para atender a tais exigências, podem ser encontrados em:

   Employability: Where Next? Unlocking the Potential of your Philosophy Degree (2007), Leeds: Subject Centre for Philosophical and Religious Studies, disponível para download em http://prs.heacademy.ac.uk/publications/emp_guides.html

4. Algumas provas independentes que sustentam a alegação de que a filosofia tem pontos fortes que a distinguem nesse campo são apresentadas por uma análise comparativa de perfis de pós-graduação em diferentes disciplinas realizada pelo *Council for Industry and Higher Education*:

   Kubler, Bianca and Forbes, Peter (2006), *Degrees of Skill: Student Employability Profiles: A Guide for Employers*. London: Council for Industry and Higher Education.

   O relatório completo está disponível em www.cihe-uk.com/publications.php

2
Lendo filosofia

A filosofia, assim como a maioria das disciplinas humanas, baseia-se muito em textos, e uma grande quantidade do tempo que você dedicará a ela será usada na leitura de textos filosóficos. Este capítulo oferece informações que deverão ajudá-lo a decidir o que e quando ler, além de sugerir uma série de estratégias que farão com que você retire o máximo de suas leituras e desenvolva sua própria capacidade de análise filosófica.

O QUE LER

Você poderá receber uma orientação especial sobre o que ler a cada semana, a fim de preparar-se para as aulas. Com frequência, toda leitura a ser feita está detalhada no programa do curso, o que faz com que seja fácil decidir o que ler com mais atenção. Contudo, essa talvez não seja a experiência de todos ao começar um curso de filosofia, pois a orientação de leitura varia enormemente de uma instituição para outra.

Mesmo quando você receber orientação prévia sobre o que ler para o próximo semestre, é provável que, em algum momento, especialmente quando estiver preparando um trabalho que será avaliado, tenha de assumir o controle de sua própria leitura e julgar o que leu.

A lista de leitura

Quando você começar seu curso de filosofia, o primeiro papel que receberá de seu professor será provavelmente uma longa lista de textos filosóficos famosos e/ou obscuros, que talvez se pareça com esta:

Introdução à ética – lista de leitura

Rachels, J. (2007), The *Elements of Moral Philosophy* (5th edn). New York: McGraw-Hill.
Benn, P. (1997), *Ethics: Fundamentals of Philosophy*. London and New York: Routledge.
Glover, J (1990), *Causing Death and Saving Lives*. London: Penguin.
Singer, P. (1993), *Practical Ethics* (2nd edn). Cambridge: Cambridge University Press.
Mackie, J.L. (1977), *Ethics: Inventing Right and Wrong*. Harmondsworth: Penguin.
Norman, R. (1983), *The Moral Philosophers: An Introduction to Ethics*. Oxford: Clarendon Press.
Williams, B. (1972), *Morality: An Introduction to Ethics*. Cambridge: Cambridge University Press.
Blackburn, S. (2002), *Being Good: An Introduction to Ethics*. Oxford: Oxford University Press.
Mill, J. S. (1861), Utilitarianism. Repr. in J.S. Mill and J. Bentham (1987), *Utilitarianism and other essays*, ed. A. Ryan. London: Penguin.
Hume, D. (1777/1975), *Enquiry Concerning the Principles of Morals*, ed. L.A. Selby-Bigge (3rd edn). Oxford: Clarendon Press.
Kant, I. (1993), *Groundwork for the Metaphysics of Morals*, trans. and ed. M. Gregor. Cambridge and New York: Cambridge University Press.
Aristotle (2000), *Nicomachean Ethics*, trans. and ed. R. Crisp. Cambridge: Cambridge University Press.
Sartre, J.-P. (1948), *Existentialism and Humanism*, trans. P. Mairet. London: Methuen.
Jamieson, D. (1991), 'Method and moral theory', in P. Singer (ed.) (1991), *A Companion to Ethics*. Oxford: Blackwell.
LaFollette, H. (2001), *Theorizing about ethics'*, in H, LaFollette (ed.) (2001), Ethics in Practice (2nd edn). Oxford: Blackwell.
Crisp, R. (1997), *Mill on Utilitarianism*. London: Routledge.
Hughes, G.J. (2001), *Aristotle on Ethics*. London: Routledge.
Baillie, J. (2000), *Hume on Morality*. London and New York: Routledge.
Sullivan, R.J. (1994), *An Introduction to Kant's Ethics*. Cambridge: Cambridge University Press.
Urmson, J.O. (1988), *Aristotle's Ethics*. Oxford: Blackwell.
Smart, J. J. C. and Williams, B. (1973), *Utilitarianism: For and Against*. London: Cambridge University Press.
Korsgaard, C.M. (1989), 'Kant's analysis of obligation: the argument of *Groundwork*'. *The Monist* vol. 72 no. 3, 311-340. Repr. in C.M. Korsgaard (1996), *Creating the Kingdom of Ends*. Cambridge and New York: Cambridge University Press.
Foot, P. (1972), 'Morality as a system of hypothetical imperatives'. *Philosophical Review* vol. 81, 305-316.
McDowell, J. (1978), 'Are moral requirements hypothetical imperatives? *Proceedings of the Aristotelian Society* suppl. vol. 52,13-29.
Anscombe, G.E.M. (1958), 'Modern moral philosophy'. Philosophy vol. 33,1-19. Repr. in G.E.M. Anscombe (1981), *Collected Philosophical Papers*, Vol III. Oxford: Blackwell.
Foot, P. (2001), *Natural Goodness*. Oxford: Clarendon Press.
Hursthouse, R. (1999), *On Virtue Ethics*. Oxford and New York: Oxford University Press.
McDowell, J. 1979, 'Virtue and reason'. *The Monist* vol. 62, 331-350.
MacIntyre, A. (1981), *After Virtue: A Study in Moral Theory*. London: Duckworth.
Foot, P. (1985), 'Utilitarianism and the virtues'. *Mind* vol. 94, 196-209. Repr. in S. Scheffler (ed.) (1988), *Consequentialism and its Critics*. Oxford: Oxford University Press.

O que fazer depois de receber a lista? Com certeza, você não precisa comprar e ler todos esses textos – mas como saber por onde começar?

Entendendo a lista de leitura

Comecemos pela análise de um trecho da lista, tentando encontrar o modo correto de lidar com ela.

Toda entrada na lista de leitura lhe dá as seguintes informações:

Sobrenome do autor, iniciais. (Data da publicação), *título do livro* **(edição, tradutor, outras informações – se necessárias). Local da publicação: editora.**

Em sua lista de leitura, a ordem e o formato em que essas informações são apresentadas podem variar. Contudo, devem estar presentes todas as informações fundamentais de que você precisa para encontrar o livro certo.

Rachels J. (2007), *The Elements of* Moral Philosophy (5th edition). New York: McGraw-Hill.
Benn, P. (1997) *Ethics*: Fundamentals of Philosophy. London and New York: Routledge.
Norman, R. (1983), *The Moral Philosophers: An Introduction to Ethics*. Oxford: Clarendon Press.

> Os primeiros três itens da lista são livros-texto. Os títulos desses livros em geral indicam que foram escritos para apresentar o tema aos alunos; um livro-texto bastante conhecido que venha sendo reimpresso há muitos anos poderá estar em nova edição (na lista ao lado, o primeiro livro é um exemplo disso).

Hume, D. (1777/1975), *Enquiry Concerning the Principles of Morals*, ed. L.A. Selby-Bigge (3rd edn), Oxford: Clarendon Press.
Aristotle (2000), *Nicomachean Ethics*, trans. and ed. R. Crisp. Cambridge: Cambridge University Press.

> Os dois livros seguintes são **fontes primárias** – textos que podem ser identificados porque a versão atual deles especifica o editor de hoje e/ou duas datas de publicação (a original, quando conhecida, e a atual) [talvez essa informação não seja apresentada se o seu professor não se importar com a versão do texto que for utilizada].

Urmson, J. O. (1988), *Aristotle's Ethics*. Oxford; Blackwell.

> Esta é uma **fonte secundária** – um livro sobre a fonte primária apresentada anteriormente.

Foot, P. (1985), 'Utilitarianism and the virtues'. *Mind* 94, 196-209. Repr. in S. Scheffler(ed.) (1988), *Consequentialism and its Critics*. Oxford: Oxford University Press.

McDowell, J.(1979), 'Virtue and reason'. *The Monist 62*, 331-350.

> Este artigo pode ser encontrado em dois locais distintos – a **revista científica** ou **periódico** em que foi publicado pela primeira vez, e a antologia na qual foi reimpresso.

O último item é um artigo de revista científica. As informações são as seguintes:

Sobrenome do autor, iniciais. (Data de publicação), "Título do artigo". Título da Revista Científica, número do volume, número de páginas.

Assim como aconteceu com os detalhes do livro, o formato preciso das informações sobre o artigo de revista científica pode variar, mas esses são os detalhes fundamentais de que você necessita para encontrar o volume correto da revista na biblioteca.

Tipos de texto

Observemos esses tipos diferentes de texto mais detalhadamente.

Livros-texto

Com frequência, e especialmente em disciplinas introdutórias, os livros-texto estarão presentes na lista de leitura. Esses livros são em geral escritos para o público estudantil, com o objetivo de oferecer uma visão de todo da área da filosofia que se estiver estudando. Os livros fazem uso de outros filósofos para delinear os fundamentos e os maiores problemas filosóficos a respeito do tema que se estiver discutindo. Um bom livro-texto pode ser uma ótima introdução a uma área difícil, e se você não puder comprar muitos livros, adquirir um bom livro-texto será um bom investimento.

Fontes primárias

Quando a obra de um determinado filósofo for discutida detalhadamente no curso, o texto original desse filósofo provavelmente estará na bibliografia. Os textos originais são frequentemente chamados de *fontes primárias*.

Tais textos podem muito bem ser textos históricos, escritos há muitos anos, provavelmente em outra língua. Para saber se o texto está, por exemplo, em inglês antigo ou se foi traduzido, consulte a edição que você utilizará. As traduções podem ser controversas. Por causa disso, seu professor provavelmente recomendará uma determinada edição ou tradução da obra, e é uma boa ideia seguir o conselho dele. Por exemplo, nossa lista traz a tradução de Roger Crisp para a *Ética a Nicômaco*, de Aristóteles.[1]

Fontes secundárias

As fontes secundárias podem também estar incluídas em sua lista de leitura. Esses textos versam sobre as fontes primárias em questão. Em geral, oferecem uma análise detalhada do texto original e de seu impacto sobre o pensamento subsequente. As fontes secundárias podem ser uma maneira muito boa de lidar com alguma fonte primária difícil, mas devem ser lidas em conjunto com o original, e não em vez deles, porque uma fonte secundária apenas oferece uma interpretação pessoal sobre determinado assunto.

Note que os termos *primária* e *secundária* não significam o mesmo que *essencial* e *opcional*.

Antologias

Outro tipo de livro que você pode encontrar são as antologias, que são coletâneas de escritos sobre um determinado assunto e que consistem de pequenos extratos das fontes primárias, de ensaios ou artigos sobre a matéria, ou então de uma combinação de ambos. Ler uma antologia pode ser uma boa maneira de familiarizar-se com a amplitude de opiniões sobre um determinado assunto sem ter de passar horas lidando com o catálogo da biblioteca.

Revistas científicas

As revistas científicas são publicações compostas por coletâneas de artigos, frequentemente chamados de *"papers"*, escritos por pesquisadores das universidades e publicados em uma série de volumes uma ou várias vezes ao ano. As revistas científicas são o formato em que boa parte da pesquisa acadêmica é publicada pela primeira vez, e a filosofia não é exceção.

As revistas científicas constituem uma característica especial da vida acadêmica. São um dos meios principais pelos quais os acadêmicos de todo o mundo discutem e desenvolvem suas ideias. Assim, elas são uma maneira importante de descobrir os últimos avanços de uma disciplina. Muitas revistas científicas especializam-se em determinadas áreas da filosofia. Por isso, se você estiver estudando ética, por exemplo, pode ser que uma ou mais dessas publicações especializadas em ética sejam incluídas em sua lista de leitura, pois vários dos artigos publicados nos diferentes volumes de tais revistas podem ser relevantes para o que você estiver estudando.

Há também revistas científicas direcionadas a determinados níveis de estudo filosófico, inclusive aquelas que são escritas por alunos de graduação. Ver o Capítulo 6, "Recursos", para maiores detalhes.

Artigos

Os artigos de filosofia, publicados em antologias ou em revistas científicas, podem ser bem mais desafiadores do que um livro-texto. Isso ocorre com frequência (mas nem sempre) porque são escritos para uma audiência de especialistas em filosofia, e não para estudantes; concentram-se em geral em uma questão bastante específica e podem ser extremamente densos.

Ao ler um artigo de revista científica, não se deixe intimidar caso não entenda tudo na primeira ou até mesmo na segunda leitura. Mesmo os filósofos profissionais precisam ler essa espécie de artigo várias vezes para compreendê-lo minuciosamente: é assim que se lê filosofia.

Em seu primeiro ano, provavelmente não lhe será exigida a leitura de muitos artigos que estejam "na ponta" da pesquisa filosófica, mas, à medida que você progredir e desenvolver suas próprias áreas de interesse e de especialização, virá a descobrir que os artigos de revistas científicas talvez ofereçam uma maior profundidade de compreensão sobre determinadas questões que venha a valorizar.

Outros tipos de texto

Já analisamos as formas mais comuns de textos filosóficos, mas pode ser que haja outras espécies de textos em sua lista de leitura. Determinados cursos podem incluir referências à ficção, por exemplo; isso talvez seja usado para ilustrar determinados problemas filosóficos ou certas abordagens de uma maneira que complementa a escrita filosófica tradicional. Em tais casos, será esperado que você leia prestando atenção ao conteúdo e às implicações filosóficas, mais do que às qualidades literárias do texto (embora essas não sejam facilmente deixadas de lado); seu professor lhe dará conselhos específicos sobre como fazê-lo.

Priorizar sua leitura

Voltemos ao nosso ponto de partida – a lista de leitura. Provavelmente seria necessário todo o semestre para ler toda ela (e se trata apenas da leitura para uma disciplina) e lhe custaria uma pequena fortuna adquirir todos aqueles livros. Então, é necessário priorizar o que se lê – mas como? Aqui estão algumas sugestões.

Siga o conselho de seu professor

Se o seu professor passou-lhe uma longa lista de leitura, não é porque ele espera que você leia todas as palavras de todos os textos, mas, sim, para oferecer-lhe, por exemplo, leituras adicionais sobre determinados assuntos que serão úteis se você decidir escrever um trabalho naquela área ou para oferecer-lhe uma variedade de livros diferentes, pois alguns deles talvez sejam difíceis de encontrar.

Nesse caso, é provável que uma orientação seja dada no âmbito da própria lista, destacando quais textos são essenciais. Não é preciso dizer que ignorar esse fato pode ser perigoso: tais textos provavelmente serão o núcleo das discussões em sala de aula e de sua avaliação, sendo uma desvantagem ignorá-los.

Não tenha medo de pedir orientação

Se essas informações de orientação não estiverem na própria lista, ou se você julgar que "a lista essencial de leitura" é demasiadamente longa (às vezes, as listas de leitura são excessivamente otimistas sobre o que é de fato possível ler), peça a seu professor uma orientação extra. A maior parte dos professores ficará mais do que feliz em poder ajudar os alunos a lidar com suas leituras, e tal atitude de sua parte sempre será preferível à omissão decorrente do fato de você não saber por onde começar.

Não tenha vergonha de admitir que está lutando para manter-se em dia com a lista de leitura. Algumas listas são projetadas com um aluno "ideal" em mente, que tenha todo o tempo livre e esteja familiarizado com as humanidades (portanto, acostumado a ler grandes quantidades de texto), que não tenha compromissos profissionais ou familiares e, por exemplo, não sofra de dislexia ou quaisquer outras necessidades especiais. Não se trata de uma falha sua não se encaixar nesse perfil, e é bastante razoável que você peça uma orientação que esteja de acordo com suas circunstâncias.

Identifique os textos nucleares de seu curso

Às vezes os textos principais serão óbvios – por exemplo, para um curso sobre a filosofia de Immanuel Kant, é correto inferir que a *Crítica da razão pura* esteja no topo da lista, como texto principal.[2] Quando tais textos não forem de fácil identificação, será, contudo, fácil reconhecê-los pela leitura prévia do plano de aula da disciplina. O plano apresenta leituras sugeridas ou exigidas para os seminários semanais? Às vezes, tais leituras são oferecidas em uma apostila, mas, caso não o sejam, vale a pena observar quais textos aparecem mais frequentemente e copiá-los, em vez de brigar para conseguir um exemplar na biblioteca.

Quais textos encontramos na seção de referência ou de "empréstimo curto" da biblioteca da universidade? A biblioteca tem várias cópias dos textos de sua lista? Se tiver, estes serão os mais frequentemente utilizados pelos alunos – um indicador razoável de que eles são uma fonte importante para a disciplina.

As bibliotecas universitárias, em geral espaços cavernosos, com sistemas desconhecidos de classificação e de localização de livros, podem ser assustadoras. Contudo, os alunos novos recebem, em geral, uma orientação inicial, sob a forma de "*tour*" ou de curso, para aprenderem a usar a biblioteca. Recomendamos que você invista parte de seu tempo justamente no início de seus estudos para familiarizar-se com o sistema da biblioteca. Essa atitude será muito valiosa para que você esteja pronto para usar os recursos da maneira mais eficaz ao longo do curso. O pessoal que trabalha na biblioteca também lhe dará preciosas informações – talvez haja um especialista em filosofia que poderá ser consultado quando você precisar de conselhos mais específicos.

Busque uma amostragem representativa de textos

Isso é um pouco mais complicado – como saber o que é um texto "representativo"? Em certa medida, você descobrirá qual texto é representativo com o passar do tempo. Para lhe dar uma ideia, vejamos novamente nossa lista, que está no início do capítulo.

O plano do curso informará as áreas principais a serem cobertas: nesse caso, uma introdução às teorias éticas, incluindo o kantismo, a teoria da virtude e o utilitarismo.[3] Assim, antes de tudo, é bom garantir que nenhuma dessas questões fundamentais esteja ausente daquilo que selecionamos para ler. Se isso não estiver óbvio nos próprios títulos de seus textos, tente verificar o sumário dos livros. Essa medida ajuda a descobrir o conteúdo? Se você não tiver acesso imediato a um determinado livro, a informação será oferecida pela entrada do catálogo da biblioteca, ou poderá ser encontrada no *site* da editora ou de uma livraria.

Mais do que isso, contudo, é bom que você se certifique de que sua leitura não seja tendenciosa demais no tratamento de algum desses tópicos principais. Essa questão pode ser de difícil julgamento, e você deve receber uma orientação detalhada de seus professores para lidar com ela. Porém, há algumas maneiras rápidas e fáceis de certificar-se de que sua leitura não esteja pendendo apenas para um lado.

Nenhum autor pode ser totalmente imparcial, e na maioria dos casos (se não em todos) os textos que você lerá estarão defendendo de maneira explícita uma determinada visão ou abordagem. A fim de chegar a uma situação de equilíbrio, portanto, você deve objetivar ler mais do que uma perspectiva sobre determinado assunto, de maneira a ter acesso a pontos de vista de diferentes pensadores.

Se você constatar que esses pensadores estão em grande medida dizendo a mesma coisa (exemplo: os dois resumos que você leu até agora indicam que a perspectiva de Kant sobre a ética é *grosso modo* a abordagem correta, embora com algumas dificuldades para a implementação cotidiana), busque um texto que ofereça uma interpretação diferente: alguém que discorde da posição de Kant e/ou apresente desafios muito diferentes. E não se esqueça de ler a própria obra de Kant para formar sua própria opinião. Isto é fundamental: você não estará em condições de decidir qual a melhor perspectiva acerca de uma teoria se não tiver lido o respectivo texto original.

Esteja preparado para usar os recursos disponíveis

Se você não conseguir encontrar um texto de sua lista de leitura, amplie o alcance de sua rede. Você não precisa restringir-se aos textos da lista. Na verdade, isso pode ser um benefício, pois talvez lhe dê uma perspectiva diferente sobre o assunto, algo que pode ser valioso para prepará-lo a formar seus próprios pontos de vista, em vez de ser tentado a repetir a visão padrão que ouviu em aulas e seminários. O pensamento independente é altamente valorizado na filosofia e será uma característica fundamental para que você desenvolva um trabalho filosófico próprio de alta qualidade. Aqui estão algumas sugestões para descobrir outros recursos.

Enciclopédias. Tente buscar o tema que estiver pesquisando em uma enciclopédia de filosofia. Além de lhe dar uma visão geral bastante útil, as enciclopédias em geral lhe oferecerão sugestões de leitura.

Bibliotecas. Investigue o catálogo da biblioteca da universidade, usando buscas por "palavra-chave" (talvez "Kant" + "ética" seja uma boa alternativa para o exemplo que demos anteriormente), e consulte bibliotecários e cursos sobre organização de bibliotecas para ampliar sua capacidade. Pesquise as estantes das bibliotecas nas seções mais relevantes; se o livro que você quiser não estiver na estante, pode ser que haja outros textos próximos dele que tratem igualmente do mesmo assunto. Verifique o que está disponível em outras bibliotecas – o seu departamento tem uma biblioteca própria para os alunos, por exemplo?

Recursos eletrônicos. Você talvez tenha percebido que muito pouco foi dito até agora que não se refira a textos impressos. É notoriamente difícil oferecer uma orientação detalhada sobre bons recursos da Internet, pois materiais postados na Internet podem desatualizar-se rapidamente. Há alguns recursos excelentes *on-line* sobre filosofia, tais como enciclopédias e *sites* de busca para recursos sobre vários tópicos. Contudo, há também muitos recursos de qualidade duvidosa, por isso é muito importante ter muito cuidado e ser crítico no uso das informações encontradas na web.

Lembremos outra vez que sua biblioteca deve ser o primeiro recurso a ser utilizado – as bibliotecas em geral oferecem uma série de recursos úteis da Internet, tais como:

- listas de leitura *on-line*
- textos eletrônicos (*e-texts*) e textos de referência, tais como enciclopédias, estão agora disponíveis *on-line*, de modo que você não precisa depender apenas de uma cópia em papel.
- *Sites* recomendados: esses *sites* terão sido acessados para garantir que sejam de qualidade acadêmica adequada, sendo, assim, um meio mais confiável de acessar informações *on-line* do que uma busca comum que normalmente fazemos na Internet.

Ver o Capítulo 6, Recursos, para conselhos mais detalhados sobre como usar a biblioteca e a internet.

Quanto devo ler?

Talvez tenha chamado sua atenção o fato de que, em todos os conselhos dados aqui, um assunto não foi ainda abordado: o da espinhosa questão do quanto se deve ler. O que é considerado o suficiente para que você esteja pronto para enfrentar um seminário ou um ensaio, por exemplo?

Não há regras prontas para isso. Algumas diretrizes úteis:

Siga o conselho de seu professor

Nunca é demais repetir que o seu professor deve ser uma fonte fundamental para sua orientação. O programa da disciplina em si já poderá lhe oferecer as leituras certas para a apresentação de um seminário. Para os ensaios, é bom descobrir se há ensaios de alunos de semestres anteriores disponíveis, de modo que você possa ter um padrão de orientação para a bibliografia típica que se espera de ensaios sobre filosofia no nível em que você estiver. Contudo, a maior parte dos professores diz que a qualidade é muito mais importante do que a quantidade.

A profundidade é mais importante do que a extensão

Na filosofia, valoriza-se mais a leitura cuidadosa de poucos textos do que uma leitura rápida de uma grande quantidade. Como discutimos no Capítulo 1, para termos sucesso na filosofia precisamos desenvolver uma compreensão profunda das questões, e isso pode ser feito de maneira eficaz quando se lê relativamente pouco em termos de quantidade, mas minuciosamente.

Crie uma proporção entre o seu esforço e as exigências do curso

Naturalmente, seu professor não esperará que a profundidade e a extensão de leitura para um trabalho de 500 palavras seja a mesma que se vê em uma bibliografia de uma dissertação de 5 mil palavras. Da mesma forma, o professor esperará que você leia mais para um módulo de 40 créditos do que para um módulo introdutório de 10 créditos.

Confie na sua intuição

Se você for "infectado pelo vírus" da filosofia, sempre terá a necessidade de ler mais; mas também desenvolverá uma intuição que lhe dirá quando já leu o suficiente para ter uma noção adequada das questões estudadas. Busque o *feedback* de seus colegas e de seu professor diretamente, ou via discussões nos seminários, para testar aquilo que compreendeu até o momento. Use o *feedback* que receber como um parâmetro que sirva para lhe indicar o que fazer no futuro.

Embora nós, e os seus professores, estimulemos a leitura que vá além do mínimo exigido pelo curso, vale a pena notar que os cursos de seu primeiro ano devem ser preparados não para sobrecarregá-lo no momento em que você é apresentado a novas disciplinas, novos métodos de estudo e talvez um novo modo de vida. Essas considerações devem ajudá-lo a equilibrar a sua carga de trabalho entre diferentes áreas de estudo, e para o resto da vida.

COMO LER

Agora você já descobriu o que precisa priorizar, buscou nas estantes os livros de que precisava e está em sua escrivaninha com uma pilha de livros e artigos – o que fazer?

A leitura constituirá parte significativa de seu tempo de estudo. Por isso, é importante que você a aborde com alguma ideia do que esperar e com algumas estratégias para lidar com os textos.

Alguns filósofos fizeram um esforço para tornar seus argumentos mais claros e envolventes para o leitor, o que faz com que haja alguns textos de filosofia que são considerados paradigmas de clareza e expressão. Outros são mais desafiadores. Uma coisa é certamente verdade no que diz respeito à maioria dos textos de filosofia – eles são difíceis de ler superficialmente e requerem esforço, pensamento e tempo, mas darão, ao final do processo, uma grande recompensa e uma bagagem intelectual de que você não se esquecerá com facilidade.

Cabe a você tirar o melhor das leituras que faz. A filosofia estimula o envolvimento direto. Isso quer dizer que você trabalha para, de fato, entender o que está acontecendo de modo a se sentir confiante para criar e defender suas próprias interpretações, que podem ser bem diferentes e (potencialmente melhores) do que aquelas que encontra em um livro-texto ou ouve de um palestrante. Você aprenderá ao pensar em um possível sentido mais profundo que um texto contenha e ao testar suas próprias ideias sobre ele, desde que elas representem o que o texto diz e ofereçam boas evidências e bons argumentos que sustentem seus pontos de vista.

No restante deste capítulo, observaremos como começar a ler e depois encontrar, analisar e avaliar argumentos quando se lê filosofia. Este será apenas um aperitivo de como você usará a análise dos argumentos para entender a filosofia, mas isso deve lhe dar uma boa perspectiva do que virá pela frente.

Lendo filosoficamente

O processo de ler filosoficamente pode ser visto como algo que consiste em três atividades:

- Ter uma visão geral do texto, de sua estrutura e do problema filosófico em questão.
- Entender os argumentos usados e a conclusão (ou conclusões) a que se chegou, isto é, analisar os detalhes da estrutura.
- Interpretar o significado geral – entender os conceitos e as ideias e como eles se encaixam em outras ideias discutidas em outros textos e por outros filósofos.

Todas essas atividades serão abordadas a seguir, embora não sejam tão facilmente identificáveis como parecem e possam ocorrer em qualquer ordem.

Por exemplo, ao ler um capítulo em um livro, você talvez localize uma afirmação clara dos argumentos usados em um resumo do próprio capítulo, e isso poderá ajudá-lo a ter uma visão geral do que lerá e também o guiará no modo pelo qual analisará os argumentos presentes no capítulo em questão. Além disso, poderá constatar que o resumo do capítulo contém conceitos, palavras e ideias que já encontrou em outros textos, o que o ajudará a situar as hipóteses do autor sobre o assunto tratado no capítulo. Conforme você analisa os argumentos, suas ideias sobre a pertinência do capítulo ficarão mais firmes.

É importante que você não deixe passar nenhuma dessas atividades, porque todas elas informam as outras e oferecem uma base sólida para uma *leitura filosófica*, e não só para a simples leitura de filosofia.

Leitura estruturada

Aqui estão algumas estratégias que podem parecer óbvias, mas que podem ajudá-lo a abordar a leitura de maneira estruturada, a fim de aproveitar melhor o que lê:

1. Tenha uma boa visão geral do texto:
    - Qual é o título? O título fornece alguma informação acerca do que o texto trata?
    - Qual é a extensão do texto? Quanto tempo você precisará para lê-lo?
    - Há algo de especial a respeito do modo pelo qual o texto é formatado?
    - O texto tem uma introdução que apresente o problema ou os argumentos abordados?
    - Há uma conclusão que sumarize o argumento e aponte o caminho para outras ideias?
    - Como são os títulos das seções ou dos capítulos? Há um padrão ou uma estrutura definida?
2. Pense sobre o que você quer do texto: ter uma boa compreensão dos argumentos? Um modelo para a compreensão de outra coisa? Uma compreensão de um conceito que lhe seja novo?
3. Use a própria forma do texto para orientar sua leitura: a estrutura do texto tem uma razão de ser.
4. Use o tempo que for necessário: ler com vagar não é problema, mas sim uma vantagem na filosofia.
5. Tome notas e rabisque suas próprias ideias à medida que você lê o texto: envolva-se com as ideias desde o início, questione-as e teste-as.

Não há nada de surpreendente nessa lista, mas pensar na leitura como algo estruturado deve ajudá-lo a envolver-se com textos difíceis. Em especial, o fator tempo é certamente algo muito importante e deve ser levado em consideração quando você está lendo ou planejando o que vai ler. Ler filosofia exige mais tempo do que ler textos do dia-a-dia, e em geral também exige mais tempo do que ler outros textos acadêmicos. Isso ocorre porque você tem de prestar atenção ao uso de palavras e à estrutura de maneira mais cerrada, e porque as ideias que são discutidas são frequentemente muito complexas. Não há nada de errado em ler de maneira mais lenta do que antes: isso é algo normal na leitura de textos filosóficos e permite que você tenha a oportunidade de analisar os argumentos apresentados.

Ao planejar seu tempo, dê uma olhada no que anotou sobre a forma do texto e as seções ou os capítulos dele; em seguida, dedique algum tempo para lidar com os capítulos como um todo, com as seções e as subseções.

Identificando problemas filosóficos

Quando for ler filosofia, o primeiro desafio é identificar a natureza do problema que o autor está abordando. Identificar o problema – o tópico ou o enfoque do texto – o ajudará a abordar sua leitura de maneira estruturada; você conseguirá encontrar os temas e as ideias fundamentais ao longo do texto e identificará o contexto mais amplo em que se insere a argumentação do autor.

Isto pode inicialmente parecer óbvio demais para se dizer: o assunto sobre o qual lemos em geral está presente no título do livro, e o texto com frequência começará pelo estabelecimento das questões que o autor está buscando responder. Do que mais precisamos?

Na filosofia, entender qual é problema e por que ele merece nossa atenção filosófica envolve não só a identificação do assunto, mas também a apreciação de sua importância. Você precisa identificar precisamente o que é problemático sobre o tema e quais questões filosóficas ele levanta. Isso ocorre em grande parte porque a filosofia lida com ideias e conceitos *abstratos*. A maior parte de nossa existência cotidiana se volta à consideração de determinadas coisas. Por exemplo, se você pensar na televisão, poderá descrevê-la de várias maneiras diferentes:

- como um aparelho eletrônico;
- como algo que precisa de uma licença (no Reino Unido);
- como um meio de comunicação;
- como entretenimento;
- como algo ao redor do qual você organiza seu tempo.

Podemos dizer algo sobre essas características da televisão em linguagem cotidiana. Mas o que dizer destas ideias ou conceitos mais gerais?

- objetos físicos;
- taxas;
- eventos;

- ações;
- pessoas;
- tempo.

Chamamos essas ideias de abstratas porque elas não tratam de coisas particulares. Considere o primeiro item da lista: o que é um objeto físico? Há alguma maneira de dizer o que todos os objetos físicos têm em comum? Todos eles ocupam algum lugar no espaço, por exemplo? Durante alguns minutos, considere como você mesmo poderia descrever todos os objetos físicos. Para começar, o que incluiria na lista de objetos físicos? O que excluiria? As sombras e os vales são objetos físicos como o são os postes de luz e as montanhas? O que dizer das pessoas?

Pensar nessas questões é pensar em ideias muito gerais. Os filósofos concentram-se em obter uma compreensão melhor das ideias gerais abstratas que atribuam sentido a determinadas partes ou coisas do mundo. Montanhas e postes de luz, vales e sombras, televisões e o seu melhor amigo, são todos exemplos utilizados para ilustrar, explicar, provar ou desaprovar um determinado ponto geral. Mesmo o mais brilhante e cativante exemplo específico estará presente para ajudar o leitor a chegar a um ponto mais geral. Se você ler uma passagem de filosofia e constatar que chegou a uma compreensão mais minuciosa do exemplo, mas ainda considerar obscuro o que ele quis demonstrar, volte e leia de novo ou pelo menos mantenha o ponto obscuro em mente para que mais tarde possa podar arestas. O desafio de ler filosofia é precisarmos certificar-nos de que não estamos nos distraindo pelos exemplos e pelas ilustrações, mas, sim, que estamos claramente concentrados nas ideias abstratas subjacentes.

Aqui está um exemplo prático. Você consegue identificar se a fala abaixo é abstrata ou particular? Em que aspectos você pensa que estarão interessados os filósofos *como filósofos*?

> Minha televisão é pesada e ocupa espaço. Seu gabinete é bastante colorido: suas cores mudam de acordo com as condições sob as quais eu o vejo. Gosto da aparência e do som de minha televisão. Quando foi feita, qualidades estéticas foram levadas em consideração. Sendo uma coisa, ela pode, teoricamente, existir independentemente de qualquer outra coisa. É um pouco cara. Mas tenho a obrigação de continuar a pagar o governo por uma licença. Devo fazê-lo?

Algumas questões que estão presentes dizem respeito ao peso, ao espaço, à percepção e à cor, à estética e ao prazer, à existência, à natureza dos objetos e às obrigações morais. Há outras questões também.

É possível abordar textos difíceis e começar a descobrir maneiras de trabalhar com eles, observando o que contêm, primeiramente em termos mais amplos. Somente o reconhecimento do fato de que as questões verdadeiramente importantes da filosofia são abstratas e gerais já é uma estratégia fundamental que será de muito valor no futuro. É um desafio fazer isso, mas quanto mais você tentar, mais fácil ficará.

Identificar as ideias abstratas de um texto – o problema filosófico que está em discussão – exigirá que você pense criticamente enquanto lê. Comece pela busca de ideias fundamentais no título e na seção de abertura do texto; mas tenha em mente que essa esquematização inicial do problema é frequentemente provisória e que a sua compreensão será refinada à medida que você ler mais.

Você também precisa ler o texto não só de maneira passiva, mas interagindo com ele – tendo um diálogo com as ideias que ele traz.

Exploremos agora a natureza desse desafio por meio de um exemplo, um famoso artigo escrito pelo filósofo Thomas Nagel, intitulado "Como é Ser um Morcego?".[4]

Nesse caso, o título do artigo parece dar uma declaração clara da questão a ser abordada, mas não fica claro por que se trata de uma questão filosófica. Por que é importante saber como é ser um morcego e o que aprendemos com o estudo dessa questão?

A primeira frase do artigo já nos dá uma declaração mais clara do problema filosófico a ser abordado:

> A consciência é o que faz o problema mente-corpo realmente intratável.

Essa frase nos dá duas indicações úteis sobre o assunto do qual trata o artigo de Nagel:

- O autor aborda o problema mente-corpo – o problema de entender como a mente (nossa vida mental: nossos pensamentos e sentimentos, e assim por diante) relacionam-se com o corpo.
- De acordo com Nagel, o problema particular aqui está posto pela consciência; assim, presumivelmente, este será o enfoque do resto de seu artigo.

Contudo, talvez não esteja claro ainda como essa frase de abertura relaciona-se ao título. O que a questão "como é ser um morcego?" tem a ver com o problema da consciência de que fala Nagel? De fato, qual é exatamente o problema da consciência, de acordo com Nagel? A fim de descobrir isso, precisamos ler mais um pouco:

> ... um organismo goza de estados mentais conscientes se, e apenas se, houver alguma coisa que seja semelhante a <u>ser</u> tal organismo – alguma coisa que assim seja <u>para</u> o organismo (...)

> Presumo que todos nós saibamos que os morcegos existem e passam por experiências (...) Sabemos que a maioria dos morcegos (...) percebe o mundo externo por meio de um sonar (...) Mas o sonar dos morcegos (...) não é similar a qualquer sentido que nós possuamos, e não há razão para supor que seja, subjetivamente, como qualquer coisa que tenhamos experimentado ou imaginado. Isso parece criar dificuldades para a noção relativa ao que é ser um morcego (...)
>
> Imaginar o que é ser um morcego não vai nos ajudar muito (...) O morcego tem uma visão muito pobre, e percebe o mundo circundante por meio de um sistema que reflete sons de alta frequência (...) Apesar de conseguir imaginar isso (o que não é muito difícil), tenho apenas uma ideia de como seria, <u>para mim</u>, comportar-me como um morcego. Mas essa não é a questão. Quero saber o que é ser um morcego <u>para um morcego</u>.

A primeira frase desse excerto (incompleto) do artigo de Nagel especifica a ligação entre a consciência e a questão "como é ser" que o autor coloca no título; o parágrafo seguinte apresenta o "morcego" do título como um exemplo do que o autor considera ser o problema da consciência.

Qual é, exatamente, o problema, porém? Por que o exemplo do morcego apresenta as dificuldades que Nagel diz apresentar? Para entender isso, precisamos reler cuidadosamente essa passagem e pensar sobre ela. À primeira vista, parece que a questão levantada por Nagel diz respeito ao fato de que os morcegos são muito diferentes de nós: ele diz que o "sonar dos morcegos (...) não é similar a qualquer sentido que nós possuamos (...) [e que] isso parece criar dificuldades." Por que essas diferenças são problemáticas? A fim de entendê-las, precisamos pensar sobre como essa questão se relaciona ao enfoque dado por Nagel sobre o "como é ser", como característica central da consciência. Apenas quando ligamos essas duas ideias é que começamos a ver que a dessemelhança entre morcegos e homens torna difícil para nós entendermos "como é ser um morcego"; e que, por causa disso, também encontramos dificuldades para entender a consciência conforme esta se manifesta nos morcegos.

Isso, contudo, não capta ainda a natureza precisa do problema, pois Nagel passa a defender outro ponto em separado sobre a dificuldade de entender "como é ser um morcego". Sabemos muito sobre os morcegos, o que me dá as condições de imaginar-me como um morcego; mas isso "me diz apenas como seria para *mim* comportar-me como um morcego, (...) e não como é ser um morcego para um *morcego*".

Façamos uma pausa por um momento e pensemos sobre a última frase do trecho selecionado. Você entende a distinção que Nagel faz aqui e por que ela é significativa? Como você explicaria isso em suas próprias palavras?

O ponto de Nagel é que todo o nosso conhecimento sobre a vida dos morcegos "se dá a partir de uma perspectiva externa" – conhecemos fatos científicos sobre a percepção dos morcegos, mas não como ela é *subjetivamente* (o uso que Nagel faz desse termo no segundo parágrafo é uma dica para esse significado; e, de fato, isso fica mais claro quando se lê todo o artigo). Podemos usar esses fatos para realizar um salto imaginativo de nossa perspectiva para aquela do morcego, mas isso não é a mesma coisa que saber como é ser um morcego a partir da perspectiva do morcego – não podemos ter a perspectiva do morcego "a partir da interioridade do morcego".

Essa é uma distinção bastante perigosa, e precisamos ler o artigo de Nagel com cuidado a fim de entendê-lo completamente; de outra forma, é bastante fácil focalizar as alegações de ordem factual – as diferenças entre os morcegos e os humanos, os limites de nossa imaginação – e passar por cima do ponto filosófico sobre as perspectivas de quem está de fora e de quem está de dentro, a diferença entre as características subjetivas e objetivas da percepção.

Se não captarmos esse ponto, então, mesmo que entendamos o problema que Nagel está abordando, talvez seja difícil ver por que ele é importante. É somente quando entendemos esse segundo ponto defendido por Nagel – que a principal dificuldade em compreender "como é ser um morcego" surge da natureza subjetiva da experiência – que podemos ver que seu argumento não trata apenas de compreender os morcegos, mas aponta mais amplamente para a natureza da consciência. A fim de lidar com a importância filosófica de seu argumento, precisamos detectar os pontos conceituais subjacentes e mais amplos – tanto as ideias abstratas quanto os detalhes do exemplo dado pelo autor.

Em tal exemplo, paramos muitas vezes para pensar sobre uma determinada frase – para perguntar a nós mesmos: o que ela precisamente quer dizer? Por que ela é significativa? Como ela se relaciona a outras assertivas do texto (e a outras coisas que saibamos sobre o assunto)? Essa é uma característica fundamental não só da identificação do problema, mas também inerente a toda leitura de filosofia.

Descobrindo os argumentos

Os argumentos são o núcleo da filosofia. O que queremos dizer quando nos referimos a um argumento filosófico? Por argumento, indicamos uma forma de persuadir ou de convencer alguém de uma ideia, uma teoria ou uma situação, utilizando princípios racionais aplicados a alguma evidência, autoridade ou observações comumente compartilhadas. Um argumento pode vir sob formas diferentes, que tenham conteúdos radicalmente diferentes, mas haverá sempre uma *conclusão* a ser feita. Os fatos ou as ideias que formam a base principal do argumento são habitualmente chamados *premissas*. Alguns exemplos:

As frases a seguir não são argumentos, embora pudessem ser conclusões de argumentos, porque sem ver como se chegou a elas, serão apenas afirmações de opiniões, crenças ou fatos:

- Não gosto de ovos.
- $e = mc^2$
- Não existem objetos físicos maiores do que partículas básicas.
- A chuva faz com que as ruas fiquem molhadas.
- A liberdade é definida negativamente como ausência de restrição à conduta.
- Unicórnios são sempre belos.

Podemos ter excelentes razões para afirmar que qualquer uma, ou mais de uma dessas frases, seja verdadeira, e podemos também acreditar que é possível persuadir ou convencer outras pessoas a pensar assim, mas sem darmos as razões que sustentem tais frases, não teremos produzido um argumento para apreciação.

Agora olhe para estas frases, que *são* argumentos (embora nem todos tenham a mesma força):

- Quando está chovendo, tudo o que estiver ao relento e descoberto ficará molhado. (*e*) A maior parte das ruas está ao relento e a descoberto. (*portanto*:) Quando chove, a maior parte das ruas vai ficar molhada.
- A liberdade não pode ser definida em termos positivos. (*e*) Uma definição operacional de liberdade é necessária para a teorização política. (*portanto*:) Temos de definir a liberdade negativamente como a inexistência desta ou daquela restrição à conduta.
- Tenho encontrado muitos unicórnios livres nas *Highlands* escocesas. (*e*) Descobri, sem exceção e sem margem para dúvidas de minha parte, que o unicórnio é a mais graciosa e esteticamente prazerosa criatura que encontrei. (portanto:) Minha opinião fundamentada é que o estado natural de *todos* os unicórnios, onde quer que estejam, é o de serem dotados de uma beleza que está além do que se pode exprimir por palavras.

Obviamente, pela maneira como esses argumentos estão apresentados, a chave aqui é a palavra "portanto", inserida antes da conclusão. Ela é um indicador importante do que se está ilustrando. No entanto, você perceberá também que, se a tirasse das passagens, elas continuariam a ter sentido. Nos escritos filosóficos que encontrará no decorrer de seus estudos, a palavra "portanto" ficará muitas vezes implícita, isto é, não aparecerá. Cabe a você determinar onde ela deve entrar. O "e" extra, presente nas premissas acima, ajuda-nos a ver onde as evidências estão sendo unidas. Assim podemos inserir um "portanto" para nos ajudar a identificar que a próxima frase ou afirmação é a conclusão de um argumento. Em geral ajuda, no texto que você estiver lendo, marcar onde estão as conclusões para diferentes argumentos, e anotar onde se encaixaria um "portanto" (detalhe: se você estiver lendo um livro que não lhe pertence, não o risque nem faça marcações).

Você talvez esteja agora imaginando o que vamos dizer a respeito do terceiro argumento, já que sua conclusão é claramente falsa: afinal de contas, não existem unicórnios, seja na Escócia ou em qualquer lugar. Mas isso não quer dizer que não se trate de um argumento... Apenas precisamos avaliar mais profundamente ou as premissas (as frases que contêm as ideias com que trabalhamos até chegar à conclusão) ou a própria conclusão, por outros meios.[5]

Em outra forma comum pelas quais os argumentos são apresentados, há uma inversão na posição da conclusão e das premissas, colocando o ponto principal no início: a palavra que poderíamos inserir aqui é "porque", depois da conclusão. Você poderia, então, apresentar os exemplos anteriores da seguinte forma:

- Quando chove, a maior parte das ruas vai ficar molhada. (*porque:*) Quando está chovendo, tudo o que estiver ao relento e descoberto ficará molhado. (*e*) A maior parte das ruas está ao relento e a descoberto.
- Temos de definir a liberdade negativamente como a inexistência desta ou daquela restrição à conduta. (*porque:*) Uma definição operacional de liberdade é necessária para a teorização política. (*e*) A liberdade não pode ser definida em termos positivos.
- Minha considerada opinião é que o estado natural de *todos* os unicórnios, onde quer que estejam, é o de serem dotados de uma beleza que está além do que se pode exprimir por palavras. (*porque:*) Tenho encontrado muitos unicórnios livres nas *Highlands* escocesas. (*e*) Descobri, sem exceção, e sem margem para dúvidas de minha parte, que o unicórnio é a mais graciosa e esteticamente prazerosa criatura que eu encontrei.

Observe o que aconteceu ao modo pelos quais as premissas são utilizadas para sustentar a conclusão: nada. A ordem das sentenças foi mudada, mas a estrutura lógica do argumento não chegou a ser afetada. De que outra maneira podemos arranjar as premissas e ainda assim preservar a maneira pela qual elas sustentam as conclusões? Tente criar outras maneiras.

Identificar a conclusão nem sempre é fácil e você precisará pensar com cuidado: há argumentos compostos nos quais a conclusão de um argumento se torna a premissa de outro. Contudo, ao fazê-lo você estará começando o processo de fazer do texto algo seu e lidando com as ideias em nível não superficial. Precisamos de mais estratégias para fazer isso melhor.

Analisando argumentos

Consideremos os argumentos de maneira um pouco mais detalhada para obter uma compreensão do que os faz funcionar, e como podemos determinar seu valor. Até agora sabemos que, ao ler filosofia, buscamos, entre outras coisas, argumentos para avaliar. Observamos que o que distingue um argumento de uma mera afirmação opinativa, de um fato ou de uma crença é que o argumento reúne um conjunto de definições, usando alguns princípios racionais para oferecer uma conclusão. Uma abordagem estratégica na análise de argumentos nesse estágio pode ser a de perguntar:

1. O que o autor está tentando provar? Qual é a *conclusão* do(s) argumento(s) apresentado(s)? Está claro que há alguma?
2. Quais são as premissas do argumento? Do que o autor faz uso para chegar à conclusão?
3. Qual é a estrutura do argumento? Como ele se articula? Há um argumento longo ou vários argumentos menores que em um determinado momento se tornam premissas de outro?

Isso nos ajuda a entender como podemos começar a avaliar três coisas:

1. a verdade das premissas;
2. a lógica da maneira como se chegou à conclusão a partir das premissas, isto é, a forma do argumento;
3. a verdade da conclusão.

Quando a conclusão de um argumento tem de logicamente seguir-se das premissas, chamamos esse argumento de *válido*. Contudo, isso não significa necessariamente que a conclusão seja verdadeira, pois as premissas podem não ser verdadeiras. Quando o argumento é válido, e as premissas verdadeiras, a conclusão será verdadeira. A esse argumento chamamos de argumento *firme*.

Considere novamente o exemplo do unicórnio:

> Tenho encontrado muitos unicórnios livres nas *Highlands* escocesas.
> (*e*) Descobri, sem exceção e sem margem para dúvidas de minha parte, que o unicórnio é a mais graciosa e esteticamente prazerosa criatura que eu encontrei.
> (portanto:) Minha considerada opinião é que o estado natural de *todos* os unicórnios, onde quer que estejam, é o de serem dotados de uma beleza que está além do que se pode exprimir por palavras.

Não aceitaríamos com facilidade a verdade das premissas acima e, portanto, a conclusão, porque sabemos que não há unicórnios. Mas como podemos avaliar o argumento mais profundamente?

Há duas premissas principais: a de que muitos unicórnios foram observados nas *Highlands* da Escócia e a de que todos os unicórnios observados eram belos. Gostaríamos, é claro, de questionar a primeira das três premissas à luz da factualidade. Mas a respeito da segunda premissa, *se* existissem unicórnios, poderíamos dizer que seriam belos.

Mas o que podemos dizer sobre a forma do argumento; sobre a maneira pela qual o argumento se articula? Não é garantido que você possa extrapolar uma qualidade que observou em uma subseção de um grupo e provar que essa qualidade é a mesma no grupo como um todo. Ao contrário dos unicórnios da Escócia, os do País de Gales talvez sejam muito feios. E o mesmo pode acontecer com unicórnios escoceses que você não tenha observado. A forma de raciocínio usado nesse argumento é chamada de indução, e você enfrentará as diferenças entre a indução e o que chamamos de lógica dedutiva em seus estudos. A indução é usada em muitas áreas da vida e da ciência, mas é completamente convincente?

Observemos um exemplo mais longo e mais difícil, do filósofo francês René Descartes. A obra de Descartes é frequentemente usada nos cursos de filosofia para ilustrar como podemos passar a questionar ideias muito simples sobre aquilo que podemos saber com certeza. A obra de Descartes suscita algumas questões profundas sobre se um quadro filosófico do mundo, elaborado a partir de princípios básicos, é possível ou desejável. Leia o próximo parágrafo e veja se consegue identificar o principal ponto defendido por Descartes.

> Somos afastados do conhecimento verdadeiro por muitos preconceitos que acumulamos desde o nascimento. Isso ocorre porque nascemos sem a fala e fazemos muitos julgamentos sobre as coisas sensíveis antes de nossa razão estar completamente desenvolvida. Parece que a única maneira pela qual podemos nos libertar desses preconceitos é esta: que pelo menos uma vez em nossas vidas façamos um esforço orquestrado para duvidar de qualquer crença anterior na qual possamos encontrar a mínima indicação de incerteza.[6]

Na verdade, as primeiras duas frases são parte de um argumento em que um "e" e um "porque" estão perfeitamente colocados. Podemos analisá-las da seguinte forma, invertendo o que está acima:

- Nascemos sem a fala.
- Fazemos vários julgamentos sobre as coisas sensíveis antes de nossa razão estar completamente desenvolvida.

portanto, somos afastados do conhecimento verdadeiro por muitos preconceitos que acumulamos desde o nascimento.

Podemos, então, perguntar se esse argumento funciona usando nossas três questões. Primeiramente, as premissas são verdadeiras? A primeira parece sê-lo, com base na experiência comum dos bebês. A segunda precisa de um exame mais cuidadoso. A palavra "sensível" aqui não quer dizer "emotivo", mas "relativo aos sentidos" – os significados das palavras em geral mudam com o tempo (essa questão será abordada mais profundamente na seção sobre "Textos históricos e o inglês antigo"). A premissa afirma que começamos a tomar decisões sobre a natureza do mundo que experimentamos por meio de nossos sentidos, antes que tenhamos amadurecido o suficiente para aplicar a "razão" a essas ideias. Mas isso é verdade? Talvez tenhamos de suspender nosso julgamento sobre isso por enquanto. Não se esqueça de que é bastante provável que as afirmações sobre o modo pelo qual o pensamento se desenvolve nas crianças seja diferente no tempo de Descartes. Mas sabemos que isso é algo que precisamos ter em mente ao considerarmos a posição de Descartes como um todo.

O que dizer da conclusão? Conforme se apresenta, nós realmente não estamos na posição de determinar sua verdade, pois não se trata de uma afirmação empírica direta que possamos logo ver que é verdadeira ou falsa – e isso não vai nos ajudar muito na análise do argumento. Precisamos, portanto, ver como Descartes passa das premissas para a conclusão. Precisamos analisar a forma do argumento em si.

Vamos supor que tenhamos aceitado a segunda premissa e vejamos o que acontece. A conclusão agora se segue das premissas? Leia as frases novamente e elabore sua resposta. Pense com cuidado no porquê de sua resposta e esteja preparado para defendê-la com argumentos próprios. O que está dito a seguir é apenas uma interpretação, aberta a críticas.

Se você tiver respondido "não", provavelmente pensou que, já que o argumento não se segue a ela, deve ser dispensado. Mas não necessariamente. Conforme observado anteriormente, Descartes presumiu que seus leitores compartilhavam com ele o mesmo conhecimento: o que parece ser um salto das premissas à conclusão pode simplesmente ser o fato de que outras partes do argumento estejam em outro lugar do texto, ou que as hipóteses que ele faz sejam conhecimento comum que não precisa sequer ser citado.

Se você respondeu "sim", terá demonstrado ler com profundidade o modo como ele usa certas palavras e terá presumido uma série de outras premissas que não estão explicitamente declaradas. A ideia de "conhecimento verdadeiro" não está dada em nenhuma das premissas, mas é um ponto significativo na conclusão. Uma das premissas ocultas pode ser:

> Apenas juízos sobre as coisas sensíveis baseadas na razão completamente desenvolvida fornecem conhecimento verdadeiro.

Outra poderia ser:

> A fala é necessária para a formação da razão.

E há um ponto na conclusão que diz que temos "preconcepções" que continuamos a empregar mesmo agora, as quais adquirimos em nossos primeiros anos, muito embora tenhamos a razão ao nosso lado. Então poderíamos também acrescentar:

> *Os juízos provenientes das experiências anteriores continuam a agir como base para as afirmações atuais sobre o que experienciamos sensivelmente.*

Se acrescentarmos essas frases às nossas premissas iniciais, podemos começar a ver como seria possível responder "sim" caso nos perguntassem se a conclusão estava de acordo com as premissas. O argumento ficaria algo como:

- Nascemos sem a fala.
- A fala é necessária para a formação da razão.
- Fazemos vários juízos sobre as coisas sensíveis antes de nossa razão estar totalmente desenvolvida.
- Apenas os juízos sobre as coisas sensíveis baseados na razão completamente desenvolvida fornecem conhecimento verdadeiro.
- Os juízos provenientes das experiências anteriores continuam a agir como base para as preconcepções atuais sobre o que experienciamos sensivelmente.

Portanto,
Somos afastados do conhecimento verdadeiro por muitos preconceitos que acumulamos desde o nascimento.

Isso parece muito mais persuasivo, já que nós agora vemos como cada uma das premissas fornece componentes para a conclusão de um modo que parece lógico, construindo-os de uma maneira que conseguimos acompanhar.

Assim, em Descartes, há muitos pensamentos e muitas premissas que não estão explícitos, muito embora ele esteja nos apresentando um argumento. Em qualquer texto é assim que muitos argumentos são apresentados, e você precisa praticar, tentando encontrar argumentos parciais ou escondidos, além dos completos. Embora possamos, em geral, acrescentar premissas suprimidas para tornar um argumento bem-sucedido, a ciência da Lógica dá espaço à arte da interpretação nesse ponto. Precisamos realizar juízos fundamentados sobre o que o autor pode ter querido dizer, pensar sobre o que diz em outro lugar e considerar o contexto histórico em que escreveu. Cada uma das premissas ocultas anteriormente ou é parte de uma sabedoria aceita no século XVII, ou então é trabalhada em outras obras de Descartes.

Os textos contemporâneos também usam premissas ocultas ou implicadas e supõem um conhecimento de fundo que podemos ou não compartilhar. De certa forma, elas podem ser difíceis de identificar porque fazem uso de ideias que compartilhamos com o autor e, portanto, talvez não as reconheçamos como hipóteses. Algumas filosofias feministas e marxistas, por exemplo, envolvem a exposição dessas hipóteses ocultas, a análise delas e seu uso para dar uma perspectiva diferente sobre conceitos filosóficos.

Analisemos outro exemplo de Descartes:

> Então embarquemos agora em nossa investigação sobre o que é verdadeiro (somente o que é verdadeiro). Para começar, pode-se duvidar da existência de qualquer coisa sensível ou imaginável. A primeira razão é que às vezes notamos que nossos sentidos nos enganam, e é inteligente não depositar confiança excessiva naquilo que já nos enganou, mesmo que somente uma vez. A segunda razão é que em nossos sonhos regularmente parecemos sentir ou imaginar muitas coisas que não existem, e não há sinais óbvios que permitam a alguém que tivesse tais dúvidas distinguir o sono da vigília com alguma certeza.[7]

Essa afirmação também traz um argumento – aparentemente com duas afirmações de apoio ou premissas para a conclusão. O filósofo observa que testaremos aquelas ideias (e somente aquelas ideias) que tomamos como verdadeiras por meio da dúvida que a elas oferecemos ou por presumirmos que são falsas, vendo se conseguimos encontrar razões para supô-las erradas. Ele decide começar com coisas sensíveis (coisas experimentadas pelos sentidos) e mesmo com coisas imaginárias. Estas *podem* ser postas em dúvida, diz ele. Podemos ver que essa afirmação é a conclusão de outro argumento, porque Descartes vai adiante e continua a nos dar razões (ou premissas) para sustentá-la. Ele diz que há duas razões, mas elas podem ser divididas em afirmações mais simples. Então, temos:

1. Às vezes notamos que nossos sentidos nos enganam.
2. É inteligente não depositar confiança excessiva naquilo que já nos enganou, mesmo que somente uma vez.
3. Em nossos sonhos regularmente parecemos sentir ou imaginar muitas coisas que não existem.
4. Não há sinais óbvios que permitam a alguém que tivesse tais dúvidas distinguir entre o sono e a vigília com alguma certeza.

Portanto,
Pode-se duvidar da existência de qualquer coisa sensível ou imaginável.

Analise esse argumento mais uma vez. Primeiro, verifique se você concorda com o modo pelo qual as premissas foram apresentadas. Depois trabalhe com as premissas, verificando sua plausibilidade inicial ou aceitabilidade. Não se esqueça do que Descartes já disse e de que talvez haja coisas que estejam implícitas, e não ditas. As premissas apontam para fatos que podemos pôr em questão? Elas se baseiam na experiência geralmente aceita? Depois, se pergunte *se*, aceitando-se a conclusão como verdadeira, o que mais precisamos fazer para que esse argumento funcione?

Se tivéssemos de ler o resto do capítulo de *Os princípios da filosofia*, veríamos que Descartes está construindo uma série de conclusões como partes de algo maior. Em outras palavras, as conclusões dos pequenos argumentos serão usadas como premissas de uma grande conclusão. Por causa disso, vale a pena analisar cada uma delas em separado à medida que progredimos no capítulo, de maneira que possamos voltar a elas com facilidade e ver como o argumento principal está sendo construído.

Observemos outro exemplo. Leia a seguinte passagem do famoso filósofo grego Aristóteles, retirada do começo de sua *Ética*:[8]

> Pensa-se que toda arte e toda investigação, e similarmente toda ação e toda busca, visam a algum bem; e, por essa razão, o bem foi corretamente declarado ser aquilo a que todas as coisas visam.

Podemos armar esse argumento da seguinte forma:

> Toda arte e toda investigação visam a algum bem.
> Toda ação e toda busca visam a algum bem.
> *Portanto*,
> O bem é aquilo a que todas as coisas visam.

Trata-se de um argumento sobre o bem. Mas é um bom argumento? Talvez seja possível discutir sobre a verdade das premissas, mas, para o propósito da análise do argumento, suponhamos que sejam aceitas. A conclusão é coerente? As premissas parecem dizer que várias atividades humanas são realizadas com a esperança de atingir algum bem; presumivelmente bons resultados para alguém ou alguma coisa. A conclusão diz que todas as coisas objetivam "o bem". Todos esses bens separados apontam para alguma coisa que pode ser rotulada como "*o bem*"? A conclusão parece implicar que há um "bem" objetivo, que é bastante diferente do "algum bem" aparentemente subjetivo das premissas. Aristóteles estaria usando uma lógica falha? Há alguma premissa oculta ou ausente? Ou será que entendemos mal o que Aristóteles quis dizer? Como você discutiria o caso aqui citado?

Essa é apenas uma introdução para uma maneira pela qual se pode começar a analisar textos – e você encontrará muitas outras. Além disso, as premissas e as conclusões para um argumento podem ser separadas, parágrafos inteiros podem ser considerados premissas e há uma miríade de outros argumentos lógicos que podem ser empregados. Contudo, pode-se ver que ao ler filosofia é possível iniciar uma análise cuidadosa das ideias que um autor usa e presume, prestando bastante atenção aos argumentos do núcleo do texto. Você pode expor conceitos e falhas lógicas se utilizar essa estratégia.

Usando lógica

Alguns filósofos usam o simbolismo lógico para expressar argumentos ou torná-los mais claros. Essa é uma parte importante e viva da filosofia contemporânea. Talvez você precise estudar lógica formal como disciplina independente, aprendendo a ler e a escrever em notação lógica. Além disso, talvez encontre lógica no contexto de outra leitura – especialmente na filosofia da mente, na filosofia da linguagem ou na metafísica contemporâneas. Não pretendemos entrar em detalhes de lógica formal aqui, mas apenas mostrar-lhe como usar os princípios básicos de lógica para esclarecer argumentos para si mesmo e para fundamentar sua análise de textos.

Não há nada a temer em lógica, mesmo que você sinta que não tenha muito jeito em nível matemático. Na verdade, ela nos dá a oportunidade de atingir um nível de compreensão da relação entre conceitos e argumentos que nem sempre está disponível em outros contextos. Isso quer dizer que podemos encontrar diferenças muito sutis nas concepções defendidas pelos autores, e descobrir precisamente em que momento um argumento falha ou é ambíguo. É algo semelhante a expor o esqueleto de um argumento; encontrar um osso quebrado pode ser uma explicação muito boa para o fato de um membro não funcionar como deveria. A Lógica, quando usada apropriadamente, é algo poderoso e que pode melhorar consideravelmente sua compreensão de muitos aspectos dos textos atuais de filosofia.

Já notamos que descobrir os argumentos de um texto é a chave para avaliar o poder de convencimento daquilo que se defende em filosofia. Vimos que, para identificar os argumentos, temos de isolar a conclusão e as premissas que estão sendo empregadas. A lógica é simplesmente uma maneira de demonstrar como as premissas se relacionam à conclusão. Ela permite que olhemos para além das palavras e conceitos usados em casos específicos, para a estrutura do próprio argumento, testando-o. Observe o seguinte argumento:

> Todos os cães abanam sua cauda quando estão felizes.
> Rex é um cão.
> *Portanto,*
> Rex abana sua cauda quando está feliz.

Sabemos que para analisar isso deveríamos começar por pensar sobre a verdade ou a aceitabilidade das premissas. Mas como se pensa sobre a estrutura do argumento? Podemos fazer isso por meio de diagramas, usando círculos para representar grupos de coisas:

O círculo D representa todas as coisas que são cães.
O círculo T representa as coisas que abanam a cauda quando estão felizes.
S representa o cão chamado "Rex".

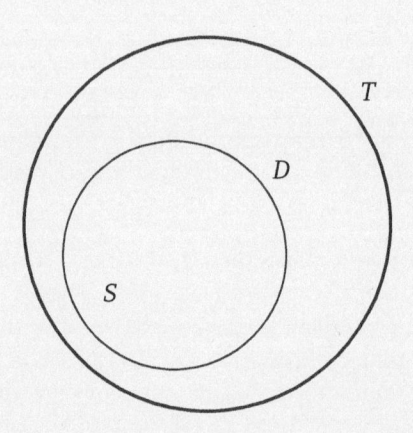

D está dentro de T porque todas as coisas que são cães (D) são coisas que abanam suas caudas quando estão felizes (T). Poderia haver outras coisas que abanassem suas caudas, mas todos os cães o fazem, então nenhuma parte de D está fora de T. Logo, S está dentro de D porque Rex é um cão. A partir do diagrama podemos ver que é impossível que *Rex* não esteja dentro de T também. Se aceitamos as premissas, então Rex abana sua cauda quando está feliz. Assim, percebemos que o argumento é estruturalmente válido. O diagrama que usamos aqui é uma espécie de diagrama de Venn. Os diagramas de Venn são uma ferramenta poderosa para verificar argumentos.

Usar figuras e diagramas é uma maneira rápida de tornar os argumentos mais claros. De maneira similar, a lógica usa um conjunto de regras estabelecidas e examina argumentos. Considere o seguinte:

Se Martin é mais alto que Natasha,
e Natasha é mais alta que Ozzie,
e Ozzie é da mesma altura que Polly,
então Martin é mais alto que Polly.

Vejamos novamente a ideia de validade. Ela diz que um argumento é válido quando a conclusão não pode ser falsa *se* as premissas são verdadeiras.

Um argumento *firme* é um argumento válido quando as premissas são de fato verdadeiras. Então o argumento que acabamos de ver é válido? Podemos examiná-lo por meio de um diagrama, usando linhas de diferentes alturas em vez de desenhar pessoas.

```
        |
        |        |
        |        |        |        |
        |        |        |        |
        |        |        |        |
       Martin  Natasha  Ozzie    Polly
```

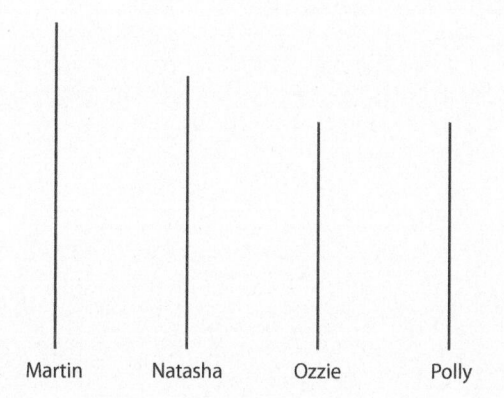

Como demonstra o diagrama, estamos voltados ao modo como as coisas se relacionam em termos de altura. Assim, os nomes poderiam ser trocados por qualquer coisa. Na verdade, quando consideramos a altura em si, podemos estar falando de linhas, potes de plantas ou avestruzes, tanto quanto de humanos. Por isso, podemos substituir os nomes por letras:

Se *m* é mais alto que *n*,
E *n* é mais alto que *o*,
E *o* é da mesma altura que *p*,
Então *m* é mais alto que *p*.

Observemos agora as relações entre esses objetos, independentemente do que sejam. Temos duas maneiras diferentes de relacionar essas coisas, "ser mais alto que" e "ser da mesma altura que". Tudo o que a Lógica faz é analisar essas relações e generalizá-las de modo que possamos aplicá-las a *todos* os argumentos que tenham a mesma forma. Supondo-se que eu diga:

Martin é mais velho do que Polly.

Isso é logicamente similar em sua forma a:

Martin é mais alto que Polly.

Isso se dá porque se são verdadeiros, e o inverso é falso. Não pode ser que Martin seja mais velho do que Polly *e ao mesmo tempo* que Polly seja mais velha que Martin. O mesmo vale para a frase "ser mais alto que". A relação tem uma *direção* e uma *ordem* – a relação funciona em uma determinada direção, portanto a ordem na qual Martin e Polly são considerados é importante.

Mas observe "ser da mesma altura que" e "ser da mesma idade que": essas afirmações funcionam em ambas as direções. Se Ozzie é da mesma altura que Polly, então é óbvio que Polly é da mesma altura que Ozzie.

Assim, "ser mais velho que" e "ser da mesma idade que" são *propriedades* diferentes e são verdadeiras sob *condições* diferentes. A lógica revela esse procedimento em termos da direção na qual as propriedades funcionam e demonstra que a ordenação dos nomes dos objetos realmente importa. Quando pensamos sobre o *significado* das relações, estamos considerando as *condições* de *verdade* (o que faria as frases verdadeiras) conforme passam de uma frase a outra. Veja o que acontece quando você substitui "é mais alto que" por "é mais velho que" e "é da mesma altura que " por "é da mesma idade que" no argumento apresentado. O argumento permanece intacto em termos do modo pelo qual os indivíduos se relacionam, embora o significado mude. Sua forma lógica não se altera, porque os objetos são representados pelas mesmas letras e as relações não mudaram em termos da direção e da ordem de sua operação. Assim o argumento permanecerá válido, embora não necessariamente firme.

Usar a lógica permite darmos um salto para expressar a forma de um argumento de uma maneira puramente lógica, baseados na relação mais do que nas propriedades específicas. Estejamos falando em termos de altura ou de idade, o argumento tem a estrutura:

Se $m > n$,
e $n > o$,
e $o = p$,
então $m > p$.

Assim, se você estiver lendo um texto e identificar essa forma de argumento, saberá que, independentemente da verdade das premissas, o argumento é válido.

A lógica trata da estrutura das relações que podem ocorrer entre frases, conceitos, ideias e coisas. É aí que está o seu poder. Ela pode ser generalizada a todos os contextos em que ideias logicamente similares são utilizadas.

Esse é o ponto crucial. Se estivermos lidando com argumentos muito abstratos e complexos na filosofia, como em geral acontece, a lógica será uma ferramenta para analisar a forma de tais argumentos. A maior parte dos exemplos usados na aprendizagem da lógica parece estar muito distante desse uso, mas isso acontece para ajudar na aprendizagem. Ser capaz de ler e escrever lógica é algo bastante útil para abordar a filosofia contemporânea.

Dê mais uma olhada no exemplo anterior. Porém, suponha agora que em vez de pensar sobre a altura, estejamos pensando sobre um exemplo da filosofia da ciência, sobre quando os fatos em uma reação química ocorrem. Em vez de "mais alto que" use "ocorre ao mesmo tempo em que". Com a lógica, não precisamos pensar sobre como podemos apresentar isso em forma de diagrama. Se sabemos que funciona para a altura e todas as relações que são do mesmo tipo (em termos de direção e ordem) e que nenhuma outra estrutura mudou, saberemos que funcionará para o tempo, sem que verifiquemos qualquer outra coisa. A *forma* do argumento é válida. Podemos usar essa forma para qualquer coisa em que as relações sejam do mesmo tipo. O argumento sempre será válido, embora precisemos sempre verificar a verdade das premissas *no mundo* para ver se o argumento é também firme.

A lógica permite que extraiamos as regras que demonstram maneiras diferentes de construir um argumento válido. Ela foi ilustrada aqui por meio de argumentos simples, mas, quando os argumentos são complexos e densos, ser capaz de examinar a forma separadamente do contexto específico será algo de muito valor. Não há nada de misterioso nisso quando se consegue acompanhar um argumento em palavras. Se tudo o que você precisa considerar é a forma lógica de um argumento, a lógica é a ferramenta perfeita para se usar, uma ferramenta poderosa.

O que torna a leitura da filosofia um desafio

Nas seções anteriores deste capítulo analisamos as maneiras de abordar o modo pelo qual você lê, para que possa entender os pontos filosóficos que estejam em discussão e analisar os argumentos para ver se são válidos e firmes e se, assim, pode concordar com eles.

Mas há alguns aspectos relativos à filosofia escrita que podem torná-la um grande desafio, especialmente se você for novo na área. Nesta seção, observaremos vários fatores que podem tornar a leitura da filosofia um desafio. E daremos algumas estratégias para lidar com eles quando estiver lendo.

Linguagem técnica

Os filósofos que estudamos não tendem a ser pensadores banais. Se é verdade que as contribuições da filosofia vão além do esclarecimento e do desenvolvimento de ideias existentes e apresentam conceitos revolucionários e teorias que transformam a maneira pela qual os filósofos seguintes pensam, novos conceitos exigem nova linguagem. Por causa disso, boa parte da filosofia usa termos técnicos para encontrar maneiras de expressar novos modos de pensar sobre as coisas e demonstrar relações entre conceitos que não podem ser facilmente expressos em linguagem comum.

Há dois modos principais pelos quais os filósofos usam a linguagem técnica:

1. eles usam palavras do cotidiano de maneiras que talvez sejam incomuns e com frequência muito mais precisas do que esperamos;
2. inventam novos termos e novas expressões para ideias e argumentos que não haviam sido nomeados ainda.

Lidaremos com cada um desses modos a seguir.

Palavras conhecidas, significados novos

Primeiro analisaremos como os filósofos usam as palavras de maneira muito precisa para defender um ponto de vista, em geral dando novas definições para palavras que tenham um significado mais amplo na linguagem cotidiana. Isso pode ser explicado por meio de um exemplo. Considere o trecho abaixo, de David Hume.[9]

> Todos os objetos da razão ou da investigação humana podem naturalmente ser divididos em dois tipos, a saber, relações de ideias e de fatos.

Esse trecho está no início de uma discussão sobre causas e efeitos. Aqui Hume está fazendo uma afirmação bastante geral sobre a natureza das ideias humanas, mas não podemos entendê-la muito bem sem saber o que ele quer dizer com "relações de ideias" e "de fatos". O que ele quer dizer com essa distinção? Não devemos ir adiante na leitura antes de entender o que está dito aqui: a afirmação de Hume diz respeito a *toda* a razão humana. Quando um autor faz afirmações muito amplas sobre o modo como as coisas são, devemos ter grande cuidado com as palavras usadas e certificar-nos de que estamos focados na natureza precisa da afirmação ou da distinção que está sendo feita.

Na linguagem cotidiana, podemos dizer que se trata de um fato que os círculos não tenham ângulos retos, mas na verdade veremos que Hume considera esse "fato" como uma relação de ideias, como veremos. Isso se dá porque ele está usando esses termos de uma maneira mais precisa, que explicará mais tarde.

> Do primeiro tipo [relações de ideias] são as ciências da Geometria, da Álgebra e da Aritmética e, em poucas palavras, toda afirmação que é ou intuitivamente ou demonstrativamente certa. Que o quadrado da hipotenusa seja igual ao quadrado dos catetos é uma proposição que expressa uma relação entre essas figuras. Que três vezes cinco seja igual à metade de 30 expressa uma relação entre tais números.
>
> Proposições desse tipo podem ser descobertas pela mera operação do pensamento, sem dependência do que já exista no universo. Embora nunca tenha havido um círculo ou um triângulo na natureza, as verdades demonstradas por Euclides para sempre manterão seu caráter de certeza e evidência.
>
> Os fatos, que são os segundos objetos da razão humana, não são determinados da mesma maneira; nem são nossas evidências de suas verdades, independentemente de sua grandeza, de natureza semelhante à anterior. O contrário de qualquer fato é sempre possível, porque ele jamais

pode implicar uma contradição, e é concebido pelo espírito com a mesma facilidade e distinção, como algo que bem se conforma à realidade.

Boa parte do trabalho de explicar algo sobre as "relações de ideias" ocorre não nos exemplos, mas na frase: "Proposições desse tipo podem ser descobertas pela mera operação do pensamento, sem dependência do que já exista no universo." Poderíamos perguntar: essa é uma definição? Sabemos que as relações de ideias são "objetos da razão humana", e sabemos como encontrá-las. Isso é suficiente?

Parafraseando os termos de Hume, poderíamos dizer que "relações de ideias" são aquelas que temos de testar pela razão, e "fatos" são aquelas ideias que descobrimos e testamos pela observação e pela experimentação. Embora precisemos trabalhar mais para entender esses termos, a questão é que Hume começa deixando bastante explícito que ele não pretende usar essas expressões de um modo que possa ser mais familiar a nós. Se não entendermos isso, provavelmente não conseguiremos entender o resto do argumento de Hume. Se o analisarmos com atenção e seguirmos adiante com uma inspeção cuidadosa do que ele tenha querido dizer, estaremos fazendo filosofia e envolvendo-nos com o texto. Isso é algo que você precisa fazer com todos os textos de filosofia.

Aqui está um exemplo mais contemporâneo em que as palavras são usadas muito precisamente. O trecho a seguir foi retirado de um artigo bastante famoso, chamado "Two Dogmas of Empiricism", de autoria do filósofo do século XX, W. V. O. Quine.[10]

> O empirismo moderno foi em grande parte condicionado por dois dogmas. Um, a crença em alguma clivagem fundamental entre verdades que são analíticas, ou fundadas em significados independentes dos fatos; e as verdades que são sintéticas, ou fundadas nos fatos.

Há muitas palavras neste trecho que estão sendo usadas em sentido técnico. Vale a pena dedicar algum tempo a considerar cada uma delas. Talvez você não conheça o termo "empirismo". Ele quer dizer, *grosso modo*, a ideia de que as verdades sobre o mundo só podem, em última análise, ser descobertas por meio da observação e da experiência – não podemos basear o conhecimento somente em nossas *ideias*. Os "dogmas" são questões de fé que são aceitas sem muito questionamento, geralmente em um contexto religioso, por isso o uso daquela palavra em particular para descrever as ideias de que Quine está falando implica que o filósofo continuará a argumentar contra eles.

Observe como Quine define "analítico" e "sintético". Os termos estão evidentemente sendo usados de modo muito diferente do modo como os usamos nas conversas do dia-a-dia. Pode-se notar que há uma relação íntima entre essa passagem e o trecho de Hume. Quine fala sobre os termos como sendo maneiras de distinguir dois tipos diferentes de verdades (mais do que tipos de pensamentos). Mas ele diz que as verdades analíticas baseiam-se em significados (algo similar às relações de ideias de Hume), ao passo que as verdades sintéticas fundam-se em fatos do mundo. Assim, por analítico, ele tem em mente coisas como "Todos os quadrados têm quatro lados" – sabemos o que "quadrado" quer dizer e que isso inclui ter quatro lados, por definição. Mas, por sintético, o autor se refere a frases como "David tem R$ 5,53 de troco no bolso". Isso é verdade (no tempo da escrita), mas não pode ser inferido de quaisquer dos termos da frase – o nome "David" e os termos "troco" e "bolso" não têm de nenhuma forma relação com algum valor monetário dado (no caso específico, R$ 5,53) que seja parte integrante de seu significado. A frase só pode ser verificada pela observação.

Quando lemos filosofia, sempre devemos ter cuidado com o uso de palavras familiares usadas de modo novo, e que indicam conceitos específicos ou ideias no âmbito de um contexto filosófico. À medida que você passar por essas palavras, verifique seus sentidos, já que elas podem ser cruciais para o tópico que se discute. Você pode aumentar as informações sobre esses termos do texto por meio do uso de um dicionário de filosofia ou uma enciclopédia. Uma boa ideia é tentar parafrasear esses termos com a sua própria definição deles, para ver se de fato os entendeu.

Novas palavras, novos significados

A segunda maneira pela qual as palavras são usadas diferentemente na filosofia, em comparação com o discurso cotidiano, está na invenção de novas palavras para novos conceitos. Isso pode ocorrer quando há uma dimensão ou um conceito que não existia antes e que faz parte dos argumentos de um filósofo, seja como premissa, seja como conclusão.

Passemos a um tipo diferente de filosofia para ilustrar melhor essa ideia: a filosofia de Jean-Paul Sartre.

Jean-Paul Sartre foi um filósofo francês, romancista e dramaturgo do século XX. É em geral classificado como filósofo "continental" ou "europeu". Isso quer dizer que ele tem uma abordagem diferente dos filósofos que vimos até agora, voltando-se a questões amplas acerca da natureza da realidade em termos de nossas experiências, nossa perspectiva moral em relação a ela e aos outros. Há argumentos a serem encontrados e trabalho a ser feito para analisar significados em Sartre, mas você deve estar preparado para uma ênfase diferente em diferentes filósofos e em uma variedade de estilos e usos das palavras. A fim de romper com nossos preconceitos, Sartre nos conduz a argumentos difíceis. E, como outros pensadores europeus, da França à Alemanha nos séculos XIX e XX em especial, elabora novos termos e explora novas maneiras de ver o mundo a fim de que possamos entender melhor nossa experiência cotidiana.

Aqui está um trecho de uma fonte secundária, retirado da *Stanford Encyclopaedia of Philosophy*.[11] O parágrafo descreve a abordagem básica de algumas das primeiras obras de Sartre:

> Sartre usa como subtítulo para *O ser e o nada* "uma ontologia fenomenológica". O método descritivo do livro passa do mais abstrato ao altamente concreto. O livro começa pela análise de duas categorias distintas e irredutíveis ou tipos de ser: o em-si (en-soi) e o para-si (pour-soi), algo como o não-consciente e a consciência, respectivamente, acrescentando uma terceira categoria, o para-outro (pour-autrui), em momento posterior do livro, e conclui com um esboço da prática da "psicanálise existencial" que interpreta nossas ações para desvelar o projeto fundamental que unifica nossas vidas.

Você talvez precise usar seu dicionário de filosofia novamente para buscar os significados de "ontologia", uma das palavras favoritas de muitos filósofos, bem como para descobrir o que quer dizer "fenomenologia". Em conjunto, ambas as palavras querem dizer, *grosso modo*, um estudo de como nós experimentamos o caráter fundamental do ser ou a realidade propriamente dita. Observe como o escritor do verbete aponta para a divisão que Sartre faz do mundo em dois tipos separados de ser para os quais não havia palavras – a distinção não existia na língua, então Sartre inventou duas palavras compostas (em francês), traduzidas como "em-si" e "para-si", para fazer a distinção entre as coisas que existem de maneira inconsciente, como as cadeiras e os livros, e as coisas que tiram um sentido de seu próprio ser, como nós mesmos. O ponto que Sartre quer defender é que esses dois tipos de ser não só são diferentes em uma dimensão ou propriedade, mas são fundamentalmente distintos no modo pelo qual existem. Essa não é uma ideia que ocorra no discurso cotidiano, por isso a única opção é cunhar novas palavras.

Mesmo quando o estilo não for familiar, a estratégia que você deverá usar permanecerá a mesma. Certifique-se de que está pensando com cuidado sobre a natureza do texto, sobre o que ele busca estabelecer. Procure os argumentos e o modo pelo qual a discussão se desdobra. Quando novos termos forem apresentados, tome nota do que o autor quis dizer e amplie sua compreensão por meio do uso de um bom dicionário.

Textos históricos e o inglês antigo

Um tipo de texto, apresentado antes, que contém seus desafios particulares é o texto histórico. Os problemas com os quais a filosofia lida são em grande parte definidos por uma série de textos clássicos. Uma parte essencial de nossa aprendizagem da filosofia consistirá provavelmente em você compartilhar a viagem de descoberta de pensadores fundamentais do passado. Alguns departamentos de filosofia dedicam ênfase maior do que outros à leitura de textos históricos – e este trecho do livro será bastante valioso se você estiver estudando em um departamento onde há ênfase na história da filosofia. Contudo, provavelmente será necessário que você leia pelo menos seleções de textos de Platão, Aristóteles, Thomas Hobbes, René Descartes, Gottfried Leibniz, John Locke, George Berkeley, David Hume e Immanuel Kant.

Em um curso no qual se comparam as filosofias de Hobbes e Descartes, um aluno reclamou: "Por que Hobbes não escreveu em inglês moderno, como fez Descartes?". Essa pergunta (que de fato ocorreu) suscita um problema sério – o de que os escritos de filósofos estrangeiros sejam traduzidos para o inglês moderno, ao passo que os de filósofos ingleses mais antigos, não. Estudar textos dos séculos XVII ou XVIII envolve a leitura de um estilo mais antigo de inglês do que aquele com o qual você está familiarizado. É uma pena que se ache relativamente fácil entender as ideias de Descartes, mas se tenha de lutar para entender um contemporâneo inglês dele, Hobbes.[12]

Peguemos um exemplo de uma passagem de Hobbes e vejamos como você pode tentar entendê-la. No *Leviathan*, Hobbes escreve o seguinte:

> Para concluir, a luz dos espíritos humanos são as palavras perspícuas, mas por definições exatas primeiramente limpas, e purgadas de ambiguidade; a Razão é o passo, a ampliação da ciência, o meio; e o benefício da humanidade, o fim. Pelo contrário, as metáforas e as palavras sem sentido e ambíguas são como *ignes fatui*; e o raciocínio delas feito é um perambular por entre inumeráveis absurdidades; e seu fim, contendas, e sedição, ou desprezo.[13]

Para analisar esse texto minuciosamente, o que há de mais útil a fazer é usar um dicionário baseado em princípios históricos. Em inglês, o melhor delas, de longe, é o *Oxford English Dictionary* em 20 volumes, segunda edição (OED2), que traça mudanças nos significados das palavras ao longo do tempo e permite que você saiba quais os sentidos de uma palavra estavam em uso quando o autor escreveu. É claro que não estamos sugerindo que você compre esse dicionário, que é bastante caro, mas é provável que a biblioteca o tenha, e também há a versão *on-line*. Obviamente não é conveniente fazer todas as leituras ao lado de uma cópia do OED2, e talvez você tenha de dar conta do recado com um dicionário menor e mais acessível, como o *Concise Oxford English Dictionary* (COED). Contudo, como a maior parte dos dicionários pequenos, o COED enfatiza o inglês de hoje, e talvez não contenha todas as palavras e os significados de que você necessite. Um meio-termo seria usar o COED na maior parte do tempo e consultar o OED2 quando aquele não for muito útil.

A partir do contexto, podemos inferir que no trecho de Hobbes "*humane*" é uma forma antiga de "*human*", e não significa "humano" no sentido de "humanitário". A palavra "perspícua" pode ser um pouco arcaica, mas quer dizer "transparente" ou "aquilo cujo significado é nítido". Assim, Hobbes começa por dizer que os espíritos humanos são iluminados por palavras cujo significado está claro (na verdade, o ponto principal do *Leviathan*, Capítulo 5, é que o raciocínio humano consiste inteiramente da manipulação de palavras claramente definidas).

Mas o que o autor quer dizer quando declara que a luz dos espíritos humanos é por definição exata primeiramente limpa [*snuffed*]? Boa parte dos leitores ingleses de hoje poderia entender que a palavra "*snuffed*" indicasse "apagada", mas isso não faria sentido porque Hobbes está dizendo que as definições exatas são o que ilumina o espírito humano, e então não faz sentido, em inglês, pensar em "apagada". Esse é um sinal de que você precisa consultar seu dicionário, onde descobrirá que "*snuff a candle*" quer dizer usar tesouras para fazer com que o pavio de uma vela funcione melhor e ofereça luz de melhor qualidade – significado exatamente o oposto do sentido moderno que atribuímos a "*snuff*". Assim, o que Hobbes quis dizer é que a luz dos espíritos humanos brilhará mais intensamente se as palavras receberem primeiramente uma definição exata e purificada de ambiguidade.

O resto do parágrafo é obviamente uma metáfora que tem a ver com viagens, envolvendo o "passo", o "caminho" e o "fim". A palavra difícil aqui é "passo", já que "a razão é o passo" não faz muito sentido. Aqui precisamos revelar um segredo: mesmo o OED2, apesar de seus 20 volumes, às vezes não traz alguns sentidos das palavras conforme alguns escritores as usavam – e o emprego que Hobbes faz de "passo" [*pace*] nesta passagem é um exemplo desse problema. Assim, se você está com o texto de Hobbes de um lado, o OED2 de outro, e seu cérebro no meio, em busca do sentido dessa passagem, estará em condições de apenas lutar para resolver esse quebra-cabeça. Mas não se preocupe, porque isso não é fundamental para o seu entendimento da filosofia de Hobbes.

Uma das lições que você precisa aprender sobre a leitura de textos históricos é que terá acesso a uma excelente compreensão de primeira-mão das ideias e dos argumentos filosóficos, mesmo que haja muitos pontos e detalhes que não consiga entender.

Mas voltemos ao problema: por sorte, Hobbes escreveu o *Leviathan* também em latim, e a versão latina torna o que ele quis dizer um tanto mais claro: "A razão é *a jornada;* o método é o *caminho para a ciência*; e a meta da ciência é o *bem da humanidade*" – mas ninguém esperará que você saiba disso.

Outro problema que você precisa observar é que Hobbes não usa a palavra "ciência" no sentido moderno de ciência natural, que passou a ser usado apenas ao final do século XIX. Hobbes faz referência, na verdade, a qualquer sistema de conhecimento conhecido demonstrativamente (conforme a definição do OED2).

A segunda frase é muito mais fácil, apesar de uma expressão latina: *ignes fatui*, que é o plural de *ignis fatuus*, expressão muito comum no inglês antigo, e que simplesmente quer dizer fogo-fátuo (um brilho efêmero de luz que aparece sobre terreno alagadiço, e que, dizia-se, desviava os viajantes de seu caminho). Conforme Hobbes argumenta ao longo de todo o *Leviathan*, uma das causas da guerra civil é a maneira pela qual vários setores da sociedade (especialmente os professores universitários e os padres católicos) usam linguagem sem sentido para ter poder sobre pessoas comuns e fazer com que elas se desviem de seu caminho.

Problemas de tradução

Ler um texto traduzido também pode apresentar dificuldades. Mesmo no nível da experiência cotidiana, uma língua não é sempre imediatamente traduzível para outra, porque as coisas são classificadas diferentemente. Por exemplo, não há palavra grega correspondente à palavra inglesa *"melon"* [melão] ou *"peach"* [pêssego], porque em grego você tem de especificar o tipo de melão ou de pêssego a que está se referindo, e os termos mais gerais não existem. O problema torna-se muito mais forte quando lidamos com abstrações, porque os conceitos abstratos evoluíram de maneira diferente em culturas diferentes.

Há várias maneiras pelas quais as dificuldades de tradução implicam perda de significados ou ambiguidades, podendo trazer determinados problemas à leitura. Dedicaremos algum tempo a esse assunto.

Termos não-traduzidos

Uma palavra ou uma frase na língua original pode não ter equivalente em nosso idioma. Em tais casos, é comum deixar a palavra no original, da mesma forma que na fala inglesa do cotidiano usamos palavras estrangeiras como *Schadenfreude* para indicar que "nos agrada a desgraça de outras pessoas" ou *encore* para indicar "a execução de música ou peça que não estava no programa, mas que é tocada ao final de um concerto". Assim, na filosofia, você provavelmente encontrará termos não-traduzidos como *a priori* e *a posteriori* (definições introdutórias para esses importantes termos estão no Capítulo 6). O próprio fato de uma palavra não ser traduzida indica que se trata de um conceito fundamental, mas desconhecido, que você precisa dominar, e que a tradução deve incluir uma nota ou um glossário que explique o que ela significa. Você pode ser tentado a ignorar termos desconhecidos, mas perderá o controle do argumento se o fizer. É da maior importância estudar a explicação com cuidado e voltar a ela quando tiver esquecido seu significado.

Ambiguidades intraduzíveis

As palavras e as frases filosóficas frequentemente são ambíguas, e raramente é possível reproduzir, na língua de chegada, a ambiguidade do original – o tradutor é forçado a optar por uma interpretação em vez de outra. Um bom exemplo disso é a passagem de Descartes que citamos previamente. De acordo com nossa tradução inglesa, Descartes disse que "nascemos sem a fala", ao passo que outras traduções simplesmente dizem que somos "crianças" ou "infantes". A verdade é que a palavra latina *infans* quer dizer um bebê jovem demais para falar, e nós simplesmente não sabemos se Descartes estava pensando na nossa condição de bebê ou na nossa condição de não ser capaz de falar. É possível que nossa interpretação dê mais ênfase do que pretendeu Descartes à relação entre fala e razão, diferentemente de seu oponente Hobbes, que, no trecho citado do *Leviathan*, sustentou explicitamente que fala e razão são completamente inseparáveis.

Distinções intraduzíveis

O terceiro caso é aquele que ocorre quando há mais palavras na língua original do que há em inglês. Kant, por exemplo, usa duas palavras que só podem ser traduzidas como "objeto", que são *Objekt* e *Gegenstand*. Sem dúvida, há uma diferença entre as duas, já que *Objekt* é abstrato, e contrastado com um sujeito, ao passo que *Gegenstand* é um objeto físico com o qual podemos nos confrontar na experiência. Não se debateu ainda se essa diferença afeta a interpretação de Kant, já que o significado delas fica em geral óbvio pelo contexto. Mas a maior parte das traduções avisa o leitor, em uma nota de rodapé, qual dos termos está sendo usado. Em geral, se uma distinção intraduzível é filosoficamente significativa, seu professor ou os comentários da lista de leitura o indicarão.

O quarto caso é aquele em que uma palavra de uma língua tem uma amplitude maior ou menor do que o equivalente mais próximo na língua de chegada. Se você procurar qualquer termo abstrato no dicionário, invariavelmente descobrirá que tal termo possui vários significados – e o mesmo vale para termos abstratos de outras línguas. Embora esses significados possam estar relacionados entre si e embora possa ser perfeitamente compreensível por que eles se desenvolveram como se desenvolveram, seria uma coincidência extraordinária os significados dos termos evoluírem de maneira independente, e exatamente da mesma forma em línguas diferentes. Traduzir de uma língua para outra sempre envolve um elemento de aproximação e de ambiguidade.

Isso pode ser um problema maior do que aquele das palavras deixadas na língua original, porque você não tem como saber se as palavras da tradução têm o mesmo significado das palavras do original, ou se qualquer diferença é filosoficamente significativa ou não. Se a tradução for boa, o texto deve fluir normalmente, como se fosse escrito no idioma de chegada – e você não saberá se as dificuldades que enfrenta se devem ao que o filósofo de fato escreveu ou ao modo como o texto foi traduzido. Às vezes o problema é superado por um comentário sobre as dificuldades da tradução ou pela inclusão de um glossário detalhado que lhe diz como os termos principais da tradução diferem daqueles utilizados normalmente no cotidiano. Contudo, as traduções que chegam a esse nível de detalhamento são mais a exceção do que a regra e, na maior parte das vezes, você certamente terá de lidar com um texto que não lhe dá nenhuma dica sobre o porquê de um determinado significado diferir do original.

Também vale a pena lembrar que os tradutores não são infalíveis e que algumas estranhezas da tradução são resultados de erros. Mesmo se você estivesse lendo no original, não haveria garantia de que as palavras fossem exatamente o que os autores haviam pretendido, por causa de problemas de impressão ou por causa de cópias equivocadas, no caso dos textos antigos. Mesmo no caso de uma obra moderna,[14] como a *Crítica da razão pura*, há inúmeras notas de rodapé em que editores diferentes propuseram leituras distintas sobre passagens obscuras ou gramaticalmente complicadas.

Pode parecer que estamos dizendo que se trata de uma tarefa impossível ler um texto filosófico em tradução, mas não se preocupe. Há muitos níveis de compreensão das ideias filosóficas. Em nível de graduação, ninguém esperará que você seja capaz de saber o que um filósofo quis dizer na língua em que escreveu. Seu curso será elaborado de uma forma que você possa obter resultados muito bons por meio das traduções disponíveis. O material que você receber poderá ou não apontar os problemas de tradução, pois alguns professores estão mais preocupados com o que os filósofos de fato acreditavam em perspectiva histórica, ao passo que outros professores dedicam-se mais às ideias em si, mas é uma boa ideia ter-se essas dificuldades em mente, especialmente quando determinados conceitos filosóficos apresentarem problemas.

Aqui está um exemplo de como as diferenças entre as línguas podem afetar a plausibilidade de um argumento filosófico. Em *Princípios* I.14 (escrito em latim), Descartes diz:

> A seguir, então, o espírito considera as variadas ideias que tem dentro de si; e uma delas se destaca muito mais do que as outras, aquela de um ser que é totalmente inteligente, totalmente poderoso e totalmente perfeito. O espírito discerne que essa ideia inclui a existência – não meramente a existência possível e contingente (como nas ideias de todas as outras coisas sobre as quais tenha uma concepção distinta), mas a existência necessária ilimitada e eterna.

Esse argumento ficou sendo conhecido como o argumento "ontológico" para a existência de Deus. Descartes está afirmando que temos em nossas mentes uma ideia do que seja Deus – um ser inteligente, onipotente e perfeito. Ele argumenta que tal ideia inclui a existência, isto é, que para um ente *ser* totalmente perfeito ele precisa existir. Se ele existisse apenas como ideia, não seria perfeito. Assim, dadas essas condições, Deus necessariamente existe.

A maior parte dos leitores de língua inglesa acha que o argumento não é plausível, porque mesmo se aceitássemos que fosse possível imaginar um ser perfeito e onipotente, não veríamos por que razão essa ideia de perfeição teria de incluir a existência de tal ser. Contudo, o significado alcançado pela palavra *perfectus* em latim é diferente da palavra "perfeito" em inglês. Nossa tendência é pensar em "perfeito" como um termo que cobre não mais do que a perfeição moral ou estética, ao passo que, em latim, *perfectus* também inclui um conceito que pode ser entendido como "plenitude do ser". Assim, o conceito de que Descartes está falando (em latim) tem mesmo conexão com a existência real, já que uma coisa só muito dificilmente atingiria a plenitude do ser se não existisse de fato. Essa espécie de exemplo demonstra que a sensibilidade a diferenças linguísticas pode revelar dimensões lógicas que, de outra maneira, passariam despercebidas.

Conhecimento de fundo (ou a falta dele)

Outro obstáculo para entender os textos em perspectiva histórica é que os autores davam como certo um determinado conhecimento de fundo que você, hoje, pode não ter, pois vive em uma época e em uma cultura inteiramente diferente. Por exemplo, esperava-se que quase toda pessoa que estudasse filosofia nos séculos XVII e XVIII tivesse formação minuciosa em filosofia grega e romana (nas línguas em que foram escritas), e provavelmente também em filosofia medieval escolástica. É bem improvável que você tenha esse conhecimento, e seus professores devem se certificar de oferecer a ajuda necessária para suplantar esse problema durante as aulas.

Esse problema não se restringe aos textos mais antigos ou históricos. A filosofia contemporânea poderá exigir conhecimento de teorias filosóficas anteriores – considere, por exemplo, o trecho de Quine apresentado antes, o qual parecia presumir que já soubéssemos algo sobre o empirismo. Em algumas áreas da filosofia, outros conhecimentos que sejam relevantes podem também ser requisitados – por exemplo, a compreensão da psicologia para a discussão da filosofia da mente. Assim, é importante sempre estar alerta para tais exigências. Contudo, como já observamos, isso não deve ser sinônimo de um grande desafio para você, já que o professor de seu curso deverá lhe dar as informações de base ou o conhecimento de fundo de que você precisa (ou indicar outras leituras que o ajudarão).

Lidando com a ambiguidade

Mesmo os textos mais claros são passíveis de interpretações diferentes. Além do uso e da invenção de termos técnicos de que já falamos, os filósofos em geral usam metáforas, analogias e exemplos para expressar suas novas ideias – e o modo como são interpretadas é ambíguo. Em última análise, os significados dos termos são determinados pelo lugar que ocupam em um sistema filosófico como um todo, e há a situação embaraçosa de você só poder entender o sistema como um todo se entender os termos em que tal sistema se baseia. Na prática, o processo de passar a entender um texto filosófico é o que se conhece como processo "iterativo": isto é, você começa com uma compreensão parcial de termos fundamentais, o que lhe dá um sentido aproximado do sistema como um todo; isso, então, melhora o seu conhecimento da terminologia utilizada, o que leva a uma visão mais sofisticada do todo – e assim por diante. É por isso que é essencial ler os textos mais de uma vez.

Há a tentação de acreditar que um filósofo deve ter tido uma ideia clara do que quis dizer, mesmo que tenha tido dificuldade em expressá-la. Isso pode mesmo às vezes acontecer, mas a regra é outra, mais confusa ainda. Os filósofos mais inovadores estavam lutando por escapar dos modos de pensar em que se criaram, e seus escritos eram em geral incongruentes, possuindo novos conceitos que coexistiam com antigos. Eles também oscilavam entre desenvolver ou não suas ideias em novas direções, o que resultava novamente em incongruências. Temos de saber lidar com o fato de que, frequentemente, não há uma resposta só para a questão relativa ao que precisamente um filósofo acreditava em relação a um determinado tema.

Recentemente, alguns pensadores criticaram a própria ideia de tentar descobrir as intenções de um autor com base nos escritos dele. Eles argumentam que o significado surge por meio da interação entre texto e leitor – e já que cada leitor tem uma base intelectual diferente em relação ao texto, haverá tantos significados quanto leitores. Uma vez escrito o texto, o autor está na mesma posição de qualquer leitor e não terá acesso privilegiado ao "real" significado do texto.

Como acontece com qualquer teoria filosófica, há um grande debate sobre esse assunto. Para a nossa intenção de momento, aqui, é suficiente observar que há muito que aprender com tal assunto. Para começar, é verdade que haverá diferenças mais ou menos sutis no significado do mesmo texto para leitores diferentes, mesmo porque jamais haverá duas leituras exatamente idênticas.

Contudo, disso não se pode inferir que todas as interpretações sejam igualmente válidas, e nem que não haja interpretações equivocadas de um texto – ainda podemos, sim, julgar algumas interpretações como sendo mais razoáveis do que as outras, e outras como sendo completamente erradas.

É verdade que os autores nem sempre têm uma compreensão infalível, cristalina e completamente congruente do que pretendem demonstrar, e pode muito bem não haver um só e definitivo significado. Os autores podem também cometer erros, tais como dar uma definição de um termo técnico que não corresponda ao modo como o usam. Contudo, todos os filósofos, ao escreverem filosofia, estão tentando comunicar determinadas ideias, e é útil buscar entender o que eles estão pretendendo demonstrar. Podemos, portanto, encontrar argumentos que estejam baseados no próprio texto, em outra obra do filósofo ou em informações históricas, quando relevantes, para dar peso à interpretação que estejamos propondo.

Então como é que devemos considerar o modo pelo qual temos de interpretar um determinado trecho? O primeiro estágio é decidir se você precisa trabalhar na interpretação ou não. Uma experiência comum é que se leia por um tempo sem encontrar problemas, até que, repentinamente, aparece uma frase que não se entende. Se você se esforçar bastante para tentar atingir uma compreensão perfeita de tudo o que julgar problemático, especialmente nos textos que apresentam várias das dificuldades que examinamos aqui, provavelmente não terá tempo de finalizar a leitura que lhe foi pedida. Você terá de decidir se o problema é suficientemente importante. Por exemplo, na passagem de Hobbes que consideramos anteriormente, o ponto importante foi que as definições exatas das palavras levam ao progresso científico, ao passo que o abuso da linguagem leva à ruptura da sociedade. O que Hobbes quis precisamente dizer com a palavra "passo" é irrelevante. Não há regra comum simples para determinar o que é ou não importante, e você pode perder tempo em algo que acabe não sendo tão importante, ou ter de reler um trecho que na primeira leitura considerou não importante.

Quando você decidir que um trecho difícil é realmente importante, precisará anotar interpretações alternativas (de fontes secundárias e de seu próprio raciocínio) e depois pensar em razões para preferir uma à outra. As razões que você pode elaborar são algo como:

- Qual interpretação melhor se encaixa naquilo que o autor diz em outros textos? Há outras passagens nas quais o autor seja mais claro e explícito sobre o que elas queiram dizer?
- Com relação aos textos históricos da filosofia, há alguma evidência suplementar nas fontes secundárias sobre o que as pessoas acreditavam na época?
- Em relação aos textos históricos, alguma das interpretações pressupõe conceitos posteriores, que não estavam disponíveis à época, ou algum conhecimento a que o autor não pudesse ter acesso?
- A interpretação é plausível, isto é, um filósofo inteligente poderia de fato acreditar no que ela diz?

Quando fizer isso, leve em consideração as seguintes sugestões:

- Faça da fonte primária o enfoque principal de sua leitura e de suas anotações. Você não aprenderá a ser um filósofo se não usar as fontes secundárias como um *auxílio* ao pensar, e não como um substituto dele. E quando você for avaliado, não obterá bons resultados se apenas mostrar capacidade de resumir as interpretações de escritores mais recentes e se não discutir o texto em si.
- Quando fizer uma nota de sua interpretação de um trecho, não apenas anote ou escreva sua interpretação, mas também dê suas razões para ela. Quando você for avaliado, será a capacidade de mostrar evidências de seu pensamento independente na relação com fontes primárias e secundárias que lhe trará bons resultados.

Analisemos agora um exemplo da famosa afirmação de Kant sobre a revolução copernicana na filosofia. Isso ilustrará não só os tipos de razões que você poderá usar a favor e contra interpretações diferentes, mas também o fato de os filósofos nem sempre quererem dizer o que de fato dizem, sendo com frequência necessário buscar em camadas que estão abaixo da superfície uma interpretação plausível. O que Kant diz no Prefácio à segunda edição da *Crítica da razão pura* é:

> O mesmo aconteceu com os primeiros pensamentos de Copérnico que, depois de as coisas não quererem andar muito bem com a explicação dos movimentos celestes admitindo-se que todo o exército dos astros girava em torno do espectador, tentou ver se não seria mais bem-sucedido se deixasse o espectador mover-se e, com contrapartida, os astros em repouso. Na Metafísica pode-se então tentar algo similar no que diz respeito à intuição dos objetos. Se a intuição tivesse de se regular pela natureza dos objetos, não vejo como se poderia saber algo *a priori* a respeito dos últimos; se porém o objeto <*Gegenstand*> (como objeto <*Objekt*> dos sentidos) se regula pela natureza de nossa faculdade de intuição, posso então representar-me muito bem essa possibilidade.[15]

Para entender essa passagem, você precisará saber que por "intuição" Kant refere-se à consciência direta dos objetos da experiência. Assim ele está dizendo que, se nosso conhecimento dos objetos depende inteiramente das informações sensoriais que deles vêm, não podemos ter nenhum conhecimento prévio (*a priori*) de suas características gerais. Mas se suas características gerais são determinadas pela mente ou pelo cérebro que processa os dados sensoriais crus, então podemos ter um conhecimento prévio de suas características gerais.

Então como interpretamos a analogia com Copérnico? Na verdade, Kant diz muito pouco. Sua frase, de que Copérnico *"não progrediu muito na explica-*

ção dos movimentos dos corpos celestes tendo como base a hipótese de que todos eles giravam em torno do observador", simplesmente reafirma a visão tradicional de que a terra está em repouso e de que todos os corpos celestes giram em torno dela. A revolução copernicana consiste no fato de ele perguntar-se "se não progrediria mais se fizesse o observador girar, deixando as estrelas paradas".

Aqui estão quatro interpretações possíveis para o trecho em questão:

1. **Ambos foram revolucionários e de grande importância.**[16] Isso é verdade, mas não explica por que Kant comparou sua revolução com a de Copérnico na astronomia – qualquer outra revolução científica serviria para uma interpretação como essa.
2. **Ambos retiram os seres humanos do centro do universo.** Essa afirmação é com certeza verdadeira em relação a Copérnico, mas não se aplica a Kant, porque a revolução kantiana baseava-se em fazer as características essenciais dos objetos do mundo depender de como nós, humanos, as percebemos e conceitualizamos.
3. **O Sol representa os objetos do conhecimento, e a Terra representa o observador humano. O movimento representa a fonte do conhecimento, e estar em repouso representa conformidade à fonte. A ideia revolucionária de Kant foi a de que o observador humano é a fonte do conhecimento e que os objetos do conhecimento devem conformar-se ao conhecimento humano.**[17] Essa interpretação é melhor, porque ela de fato relaciona características da teoria astronômica de Copérnico à filosofia de Kant. Contudo, não há referência às estrelas; a identificação do movimento com a fonte do conhecimento, e do estar em repouso com a conformidade a essa fonte, é arbitrária; e implica que o observador humano é a fonte de *todo o* conhecimento, ao passo que a tese de Kant foi a de que apenas certos aspectos de nosso conhecimento se devem ao observador.
4. **Quando Kant se refere às "estrelas", deve estar pensando nos planetas. Copérnico demonstrou que os movimentos aparentes e erráticos dos planetas podem ser explicados como a resultante de seu movimento circular em torno do Sol e do movimento circular da Terra ao redor do Sol. Para Kant, as aparências**[18] **dos objetos são o resultado dos dados sensoriais do objeto e da forma da intuição oferecida pelo observador humano.** De todas as interpretações, essa é a que melhor se encaixa com a teoria de Copérnico e com a filosofia de Kant. O problema principal dela é que Kant não chega de fato a *dizer* isso, e temos de ler nas entrelinhas. Por outro lado, Kant certamente *sabia* que foi por isso que Copérnico foi revolucionário. Se por "estrelas" Kant quis referir-se a todos os corpos celestes, sua descrição da teoria de Copérnico estaria simplesmente errada, porque

os planetas e a Lua não estão em repouso; e se ele se referiu apenas às estrelas fixas, está então excluindo o aspecto mais importante da teoria de Copérnico como uma teoria que dá uma explicação simples dos movimentos aparentes dos planetas. A conclusão é que Kant de fato não diz o que ele deve ter querido dizer, e o conhecimento do contexto mais amplo e do que ele diz em outros textos é necessário para descobrir uma interpretação plausível.

Assim podemos ver que sempre haverá ambiguidades e interpretações diferentes quando o assunto é ler filosofia. Precisamos exercitar a precaução e estar preparados para avaliar e refinar nossos pontos de vista continuamente. Mas, embora seja difícil encontrar uma resposta "certa", isso não quer dizer que não haja respostas "erradas". Como vimos, algumas interpretações são melhores do que as outras e, como filósofo, você precisará ter confiança ao apresentar sua própria opinião e defendê-la diante dos demais.

RESUMO

Agora você já deve ter uma boa ideia sobre o que significa ler *filosoficamente*, em vez de apenas ler filosofia. Ler filosoficamente é envolver-se com os textos, identificando e analisando argumentos, criando e refinando suas próprias interpretações e estando preparado para criticar o que os outros pensam, de maneira estruturada. As técnicas sugeridas aqui devem lhe dar as ferramentas para suas leituras futuras, ampliar sua compreensão dos tópicos analisados e para usar a leitura com o fim de prepará-lo para o envolvimento com outras atividades filosóficas, que examinaremos mais detalhadamente nos demais capítulos do livro.

NOTAS

1. Aristóteles (384-322 a.C.) foi um famoso pensador grego. Juntamente com Platão (que foi seu mestre) é uma das mais influentes figuras da filosofia Ocidental. Sua *Ética a Nicômaco* continua a ser um texto fundamental para a teoria ética de hoje.
2. Immanuel Kant (1724-1804) foi um filósofo alemão, famoso (entre outras coisas) por sintetizar as filosofias em disputa na época do Iluminismo – sua obra é imensamente influente na filosofia ocidental, principalmente no campo da ética.
3. O kantismo é a abordagem, voltada à ética, associada a Kant (ver nota anterior), e que dá ênfase às motivações do indivíduo para a ação. A teoria da virtude pode ser rastreada até Aristóteles (ver nota 1), e enfatiza a moralidade no caráter do indivíduo, mais do que em suas ações particulares. O utilitarismo está principalmente associado aos pensadores oitocentistas Jeremy Bentham e John Stuart Mill;

de acordo com essa teoria, o *status* moral de uma ação é determinado pelo quanto suas consequências ampliam a felicidade.
4. Thomas Nagel (1937-) é um filósofo norte-americano. Sua obra concentra-se principalmente em questões de moral e teoria política; mas ele é também bastante conhecido por seu artigo "Como é Ser um Morcego?", que se tornou um dos textos mais discutidos da filosofia do século XX.

   Nagel, Thomas (1974), "What is it like to be a bat?", *Philosophical Review* vol. 83, no. 4, 435-450.

   Este artigo famoso foi reimpresso em vários livros, como:

   Nagel, Thomas (1979), *Mortal Questions*. Cambridge: Cambridge University Press.

   Hofstadter, Douglas R. and Dennett, Daniel C. (eds) (1981), *The Mind's I*. London: Penguin.
5. Você deve também estar atento para o fato de que há outras formas de argumento. O Capítulo 6 traz conselhos para futuras leituras sobre o pensamento crítico e a lógica informal.
6. Descartes, René. *The Principles of Philosophy*, trans. MacDonald Roos, George. www.philosophy.leeds.ac.uk/GMR/hmp/texts/modern/Descartes/principles/dcprinc.html, I.1. [Esse texto foi vertido pelo tradutor diretamente da citação inglesa na tradução de Roos. Compare agora com outra tradução brasileira do mesmo texto a partir do seu original latino, em que uma das diferenças marcantes é a tradução de *"ratio"* – que no texto inglês aparece como *speech* = linguagem/fala e tem um peso na argumentação – por "razão" na tradução coordenada por Guido de Almeida: *Visto que nascemos ingênuos e fizemos vários juízos acerca das coisas sensíveis antes de ter o uso pleno de nossa razão, vemo-nos desviados por muitos prejuízos do conhecimento da verdade, dos quais parece que não podemos ser libertados de outra maneira senão aplicando-nos uma vez na vida a duvidar de todas as coisas nas quais encontremos a menor suspeita de incerteza* (cf. René Descartes. *Dos Princípios da Filosofia*. In: *Analytica*. Rio de Janeiro: UFRJ, v. 2, n. 1, 1997, p. 43; cf. tb. a nota desse tradutor às pp. 68-69, e principalmente no presente livro, onde a questão da tradução é abordada explicitamente (cf. orig. 57)].
7. Descartes, René. *The Principles of Philosophy*, trans. MacDonald Roos, George. www.philosophy.leeds.ac.uk/GMR/hmp/texts/modern/Descartes/principles/dcprinc.html, I.4. [Cf. também a respectiva tradução do latim, coordenada por Guido de Almeida, à p.44 da antes referida *Analítica*]
8. Aristóteles (1998), *The Nicomachean Ethics*, trans. J. R. Ackrill, J. O. Urmson and David Ross. Oxford: Oxford University Press.
9. David Hume foi um filósofo, historiador, analista político e economista do século XVIII. Sua filosofia é altamente influente e *An enquiry concerning human understanding* [Investigação sobre o entendimento humano] é um livro bastante estudado até hoje. (A questão que discutimos foi retirada da seção IV, parte 1.)
10. Quine, W. V. O. (1953), *From a Logical Point of View*, Harvard: Harvard University Press.
11. Trata-se de uma enciclopédia *on-line*, disponível em http://seop.leeds.ac.uk/ ou http://plato.stanford.edu/

    Usar guias e recursos *on-line* é algo que tem de ser feito com cuidado (ver o Capítulo 6 e a seção "Como evitar o plágio", no Capítulo 5), mas pode indicar bons caminhos quando se lê e se tenta entender o significado de textos difíceis. Como já foi observado, em nível de graduação, as fontes secundárias não servem como substituto para a leitura da fonte primária.

12. Há alguns *sites* com traduções digitais que você talvez considere úteis (ver, por exemplo, www.earlymoderntexts.com e www.philosophy.leeds.ac.uk/GMR/hmp/texts/modern/modindex.html).
13. Hobbes, Thomas (1968), *Leviathan*, ed. Macpherson, C. B., London: Penguin, pp. 116-7.
14. "Filosofia moderna", no ambiente acadêmico, refere-se a toda filosofia do século XVII em diante – *não* faz referência apenas à filosofia contemporânea. Assim Kant é considerado um filósofo moderno no sentido técnico, embora tenha escrito no século XVIII.
15. Traduzido por George MacDonald Ross. Ver www.philosophy.leeds.ac.uk/GMR/hmp/texts/modern/Kant/preface2.html (acessado em 04.06.07).*
16. Essa é a interpretação de Sandra LaFave. Ver http://instruct.westvalley.edu/lafave/KANT.HTM (acessado em 02.06.07).
17. Essa é a interpretação de Stephen Palmquist. Ver www.hkbu.edu.hk/~§/ksp1/KSP3.html (acessado em 02.06.07).
18. Essa é a interpretação de George MacDonald Ross. Essa discussão como um todo foi adaptada de um exercício interativo realizado em www.philosophy.leeds.ac.uk/GMR/hmp/modules/kantmcq/p19/p19frame.html (acessado em 02.06.07).

---

* N. de R. T.: Retraduzido do alemão por Valerio Rohden e Udo B. Moosburger, conforme a edição dessa obra de Kant publicada na coleção "Os Pensadores".

3
Tomando nota

POR QUE É IMPORTANTE ANOTAR?

Você faz anotações enquanto está em aula ou lê um livro? Ou você só começa a escrever intensamente quando faz revisões para provas? Você já parou para refletir sobre o porquê de fazer (ou não) anotações? Identificar o que você visa obter por meio das anotações é algo que vai ajudá-lo a estudar de uma maneira mais eficaz.

Em tese, todo aluno espera que frequentar as aulas e ler os textos do curso serão atividades que contribuirão para o seu conhecimento e compreensão da filosofia e, portanto – de modo mais pragmático –, também serão fundamentais para a preparação para provas e trabalhos. Fazer anotações é algo que vai ajudá-lo pelo menos de duas maneiras diferentes.

Registrando o que você aprendeu

Registrar o que você ouviu ou leu permitirá que o material esteja sempre disponível em um momento futuro. Isso pode parecer bastante óbvio, mas com muita frequência, e erroneamente, o aluno senta-se, ouve o professor e pensa: "Só ouvir o que ele está dizendo já é suficiente. Não é necessário escrever também". Trata-se de um erro, pois quando o aluno vai estudar para os exames percebe que não se lembra mais dos principais pontos abordados em aula. Isso se aplica da mesma forma às leituras filosóficas. Como discutimos amplamente no capítulo anterior, ler filosofia pode tomar tempo e ser um desafio. Por isso é importante também usar as anotações de leitura, fazendo melhor uso do tempo e do esforço investido nos estudos.

Envolvendo-se com o material

Tanto quanto servir para registrar o que você estuda, tomar notas prepara o aluno para pensar sobre as ideias que são discutidas à medida que os estudos avançam. A filosofia exige o envolvimento direto com as ideias que você encontra e, para escrever um resumo do que ouviu ou leu, é preciso processar ativamente as ideias que lhe foram apresentadas, e não só absorvê-las passivamente. Há muitas pesquisas pedagógicas que demonstram que aprendemos muito mais eficazmente quando aprendemos de maneira ativa. Se você tomar notas, estará muito mais propenso a lembrar o conteúdo da aula ou do texto, e também a melhor compreendê-los – porque o escreveu com próprias palavras. Mesmo se sua compreensão não for completa, terá pelo menos uma clareza maior sobre o que entende e sobre o que não entende – e isso em si mesmo é um passo importante para dominar o assunto que estuda. Por isso, tomar notas é uma ferramenta bastante útil.

CONTEÚDO – O QUE DEVO ESCREVER?

Talvez o desafio mais óbvio que você tenha de enfrentar ao tomar notas seja o que incluir e o que omitir. Como decidir entre o que é relevante e importante e o que pode ser deixado de lado com certa tranquilidade?

Pode ser tentador adotar uma atitude de precaução, especialmente quando você toma notas sobre o que lê, momento em que está menos constrangido pelo tempo do que durante as aulas, e em que anota tudo que pareça significativo. Contudo, essa estratégia pode ser contraproducente se exagerada – quanto mais você se concentrar em pegar todas as informações possíveis e imagináveis, menos estará interagindo ativamente com o material. Como sabemos, em filosofia a qualidade de nossa compreensão é pelo menos tão importante quando a quantidade do conhecimento que se acumula; por isso é importante ser seletivo.

Resumindo o material

Identificar todos (e somente) os pontos principais de uma palestra ou texto é uma habilidade filosófica que exige prática e requer que você pense com cuidado sobre o que está sendo dito. Quando analisamos o que significa ler filosoficamente, isto é, o quer dizer ter uma compreensão de um texto filosófico, dividimos o processo em:

- ter uma visão geral do problema filosófico que se discute;
- entender a estrutura do argumento usado;
- entender os conceitos e ideias discutidos e como eles se relacionam à filosofia de maneira mais geral.

Esteja tomando notas sobre uma aula ou sobre um texto, aquilo que você anotar deve cobrir esses pontos.

Quando tentar decidir o que deve anotar, tenha em mente a seguinte questão: "Se eu tivesse de explicar isso a alguém que não estivesse em aula (ou não tivesse lido o livro), quais seriam os pontos essenciais que precisaria incluir em minhas notas?". O capítulo anterior ofereceu uma série de ferramentas para ajudá-lo a identificar as principais afirmações de um trecho de discussão filosófica e a prova fundamental e os argumentos usados para sustentá-las. Isso pode ser também usado, portanto, para ajudar a decidir quais os aspectos do argumento são cruciais e quais podem ser omitidos sem mudar seus elementos centrais.

Avaliando material

Apanhar de maneira aguçada a essência do argumento original do autor ou do professor é, contudo, apenas uma dimensão das anotações eficazes. Você deve também buscar se envolver com as ideias discutidas. Você concorda com as afirmações feitas ou consegue pensar em contraposições? A conclusão está de acordo com as premissas ou o autor está fazendo uso de premissas ocultas? É possível identificá-las? Você as acha aceitáveis? Se você aceita o argumento do autor, consegue visualizar as consequências dele decorrentes e também aceitá-las?

A análise crítica e a avaliação desse tipo estão no âmago de fazer-se filosofia. Por isso é importante incluir tais reflexões quando tomamos nota. Quando você ler filosofia, dedique um tempo a uma pausa e pergunte-se não só se está entendendo o argumento, mas se acha que ele está correto – e tome nota de seus pensamentos, assim como dos pensamentos do autor. Esse processo deve incluir tomar nota de quaisquer questões que você não entenda, de modo que possa resolvê-las mais tarde, pedindo esclarecimentos em aula ou por meio de leituras adicionais.

Registrando suas fontes

Finalmente, e de modo importante, suas anotações devem sempre incluir um registro completo da fonte utilizada. Se você estiver tomando notas sobre um texto de filosofia, certifique-se de fazer uma nota que contenha as seguintes informações:

- nome do autor;
- título do livro ou do artigo;
- (para um livro) ano da publicação; nome da editora, cidade em que foi publicado;

- (para um artigo) título do livro ou da revista em que o artigo foi publicado; data de publicação; números de páginas.
- referências da página para as citações que você queira usar.

Você precisará dessas informações para formar uma bibliografia para qualquer trabalho escrito que vier a produzir sobre o assunto e para certificar-se de que reconhece suas fontes de maneira correta. Certifique-se também de que você esteja fazendo uma distinção clara em suas notas entre o seu resumo e seus comentários avaliativos, de maneira que você não corra o risco de usar o trabalho de alguém sem a devida citação (veja a seção "Como Evitar o Plágio" no Capítulo 5).

Em uma nota similar, também é uma boa ideia registrar a fonte de suas notas de aula – a que disciplina pertencem? Qual foi a data e o assunto da aula/título da palestra? Quem foi o professor/palestrante? Isso também poderá servir como fonte no momento em que você escrever ensaios.

MÉTODO – COMO DEVO TOMAR NOTAS?

Quais métodos podem ajudá-lo a apanhar as ideias de maneira eficaz? Vale a pena enfatizar que não há maneiras certas ou erradas de abordar esse assunto, e nós o incentivamos a experimentar diferentes métodos, a fim de descobrir qual funciona para você. As sugestões oferecidas aqui são um breve panorama de algumas técnicas diferentes de anotar, que – como no resto do livro – se centralizam em abordagens e soluções que são apropriadas à filosofia. Estas podem ser complementadas por meio do acesso a toda uma gama de conselhos de cunho mais generalista que o ajudará a desenvolver estratégias eficazes de estudo, inclusive como tomar notas (ver o Capítulo 6, "Recursos"). A consideração fundamental é explorar e desenvolver uma variedade de táticas que o ajudarão a deixar claras (para você mesmo) as afirmações fundamentais e a estrutura subjacente de um argumento filosófico.

Use suas próprias palavras

Uma regra bastante útil para se tomar notas de maneira eficaz é a de que devemos tomar notas sempre usando nossas próprias palavras, e não copiar as palavras do professor ou do autor. Pode haver a tentação de simplesmente reproduzir as palavras do material original. Com frequência, essa estratégia é racionalizada pelo pensamento de que "o professor ou autor é um especialista que já pensou com cuidado sobre o assunto, e eu sou apenas um novato. Por isso, as palavras dele são mais adequadas que as minhas". Contudo, esse procedimento limita o envolvimento com a matéria – meta fundamental das anotações que fazemos, como já se disse aqui. É ao colocar o argumento em suas próprias palavras que você avaliará o seu conhecimento das questões que estiver estudando. Isso pode ser mais difícil do que simplesmente copiar o original, mas é também muito mais útil para o seu aprendizado.

Além disso, se você tentar parafrasear um argumento e descobrir que não é possível fazê-lo, talvez perceba que isso acontece porque ainda não o domina completamente. Nesse caso, talvez você tenha de registrar o argumento em sua forma original, de modo que possa voltar a ele (em discussões em sala de aula e/ou por meio de leituras adicionais), mas pelo menos terá descoberto as lacunas em sua compreensão e poderá abordá-las mais tarde.

Use as citações com cuidado

É claro que às vezes você anotará uma citação direta, talvez a fim de analisar a frase criticamente mais tarde em um trabalho escrito. Certifique-se de que você reproduz as palavras do autor de maneira acurada, e ofereça uma referência completa do original, conforme foi mencionado. Quando escrever citações que pensa em usar em algum trabalho, é uma boa ideia escrever um pouco mais do que acha que vai utilizar do trecho em questão, pois isso poderá ajudar a lembrar-lhe do contexto e encaixá-lo em seu argumento na hora de escrever. Nos trabalhos escritos, contudo, as citações diretas devem em geral ser curtas – conforme se observou, as citações pouco refletem o que você compreende das questões. Por isso é importante certificar-se de que elas sejam sustentadas por sua interpretação do argumento.

Deixe bastante espaço na página

Uma boa ideia é deixar bastante espaço quando fizer anotações; por exemplo, algumas pessoas recomendam escrever em linhas alternadas ou em apenas um dos lados da página. Isso ajuda a tomar notas em palestras ou aulas, já que você pode voltar a elas e acrescentar informações adicionais que venham a auxiliar a esclarecer o que foi escrito anteriormente. É importante observar que é sempre possível acrescentar comentários e esclarecimentos a suas próprias notas.

Faça a distinção entre tipos diferentes de informação

Você talvez ache conveniente ser capaz de distinguir entre tipos diferentes de informação. A frase que você anotou é um resumo do ponto de vista do palestrante ou do autor? Se for, trata-se de uma afirmação de cunho factual, de uma opinião, de uma definição conceitual, de uma conclusão, de material de apoio a uma determinada tese ou de um exemplo? Ou é um comentário seu – e se for, trata-se de uma dúvida, de uma crítica ou "nota para si mesmo" que deve ser completada mais tarde?

Há várias maneiras pelas quais você pode identificar tipos diferentes de notas:

- usar um código de cores para materiais diferentes – usar tinta preta para material factual, vermelho para afirmações conceituas e azul para exemplos.
- Variar estilos de escrita – por exemplo, algumas pessoas acham útil escrever a afirmação central do autor em letras maiores ou em LETRAS MAIÚSCULAS ou sublinhar os pontos principais.
- A disposição física das notas na página pode também ser uma ferramenta útil – por exemplo, usar margens e/ou colunas para registrar tipos diferentes de informação.

Exemplos dessas técnicas são oferecidos nas seções seguintes deste capítulo.

Encontre maneiras de relacionar informações diferentes

Algumas ou todas as técnicas podem ser usadas para ajudá-lo a perceber as relações entre várias notas – Como a frase que você acaba de anotar se relaciona com a anterior, por exemplo? E/ou à frase que você anotou no início da aula? Talvez seja importante, por isso, ser criativo sobre o modo pelo qual coloca suas palavras na página. Às vezes uma disposição linear – isto é, simplesmente anotar a ordem em que elas foram apresentadas – capturará de maneira eficaz a linha do argumento; por exemplo, em uma aula em que seu professor tenha objetivado reproduzir a estrutura subjacente da teoria filosófica a ser discutida. Contudo, esse não será em geral o caso: um fluxo mais natural de discussão frequentemente levará das conclusões às premissas que as sustentam, e não o contrário (como discutimos no capítulo anterior), e pode muito bem incluir algo diverso, como o uso do contexto histórico ou cultural, objeções e refutações, *links* a teorias relacionadas, e assim sucessivamente. Nesses casos, você pode organizar suas notas de maneira que elas mapeiem as relações entre as ideias, indo além da anotação que simplesmente contempla a ordem em que foram apresentadas. É possível, por exemplo, organizá-las em um fluxograma ou usando colunas diferentes para os prós e os contras do argumento.

UM EXEMPLO DE ANOTAÇÕES EFICAZES

Para reunir alguns dos pontos sobre conteúdo e método, voltemos agora ao trecho de Hume que abordamos no capítulo anterior. Que espécie de notas você faria para esse texto? Os vários exemplos de "relações de ideias" precisam ser incluídos ou é possível entender o sentido do argumento por meio de uma definição diferente desse conceito?

Nas páginas seguintes há um exemplo de como você pode resumir argumentos, usando um fluxograma para criar uma representação visual da relação entre as categorias que o autor está definindo.

Trecho original:

Todos os objetos da razão ou da investigação humana podem naturalmente ser divididos em dois tipos, a saber, relações de ideias e de fatos. Do primeiro tipo são as ciências da Geometria, da Álgebra e da Aritmética e, em poucas palavras, toda afirmação que é ou intuitiva ou demonstrativamente certa. Que o quadrado da hipotenusa seja igual ao quadrado dos catetos é uma proposição que expressa uma relação entre essas figuras. Que três vezes cinco seja igual à metade de trinta expressa uma relação entre tais números.

Proposições desse tipo podem ser descobertas pela mera operação do pensamento, sem dependência do que já exista no universo. Embora nunca tenha havido um círculo ou um triângulo na natureza, as verdades demonstradas por Euclides para sempre manterão seu caráter de certeza e evidência.

Os fatos, que são os segundos objetos da razão humana, não são determinados da mesma maneira; nem são nossas evidências de suas verdades, independentemente de sua grandeza, de natureza semelhante à anterior. O contrário de qualquer fato é sempre possível, porque ele jamais pode implicar uma contradição, e é concebido pelo espírito com a mesma facilidade e distinção, como algo que bem se conforma à realidade.

Notas:
David Hume, *An Enquiry Concerning Human Understanding*, section IV, part 1.

Todos os objetos da "investigação humana" (coisas sobre as quais podemos saber ou pensar)

"Relações de ideias" como as da Matemática podem ser descobertas somente pelo pensamento, não precisamos ver o que está no mundo

"Fatos" podem ser descobertos diferentemente = como?

Verdade certa

Menos certa: poderia ser falsa

✗ contraditória
◆ imaginável

Esse esquema o ajuda a esclarecer o pensamento de Hume? Você faria notas diferentes? As notas apresentadas são apenas um modo de representar o argumento, como já discutimos. Escrever notas desse tipo chama a atenção para o fato de que, neste trecho, embora Hume faça uma afirmação positiva sobre como descobrimos "relações de ideias", ele apresenta apenas uma descrição comparativa, negativa, relacionada a "fatos" – então podemos ver como usar esse método pode permitir que comecemos a analisar e avaliar o argumento do autor.

ADAPTANDO SEUS MÉTODOS AO CONTEXTO

Há algumas maneiras de adaptar as técnicas que você usa para tomar notas a circunstâncias específicas. Você em geral tomará notas em aulas ou quando estiver lendo, e esse tem sido o ponto principal enfocado aqui,

Os seminários são outro contexto importante de aprendizagem nos cursos de filosofia, mas em um seminário a ênfase estará em uma discussão filosófica em que todos os alunos participem ativamente, e é isso que deverá estar no centro de sua atenção. O próximo capítulo deste livro lhe dará uma orientação detalhada sobre como obter o máximo das discussões realizadas nos seminários.

Tomar notas em aula

Antes analisamos as razões para tomar notas – que são as de ter um registro do que foi discutido e incentivar seu pensamento crítico sobre o tópico. Tomar notas em aulas pode trazer outro benefício pragmático: o de ajudar você a estar sempre atento. É sabido que é difícil concentrar-se em uma só questão durante uma hora inteira. Diferentemente de quando você está lendo, durante uma aula é impossível fazer uma pausa. A atividade física e mental de tomar notas pode prepará-lo para manter sua atenção no tópico abordado e, portanto, aproveitar o máximo do que está sendo ensinado.

A aula será sempre estruturada de uma maneira que facilitará o modo pelo qual você tomará notas – é provável, por exemplo, que seu professor resuma os pontos principais no começo ou ao final da aula, ou em ambos os momentos; ele também reforçará repetidamente os pontos principais durante a aula.

O modo como você toma notas durante a aula será naturalmente restrito pelo tempo e pelo local em que estiver. Por isso é bom adaptar a técnica ao contexto – por exemplo, não será prático usar canetas de cores diferentes (trocar de uma caneta para a outra) ao fazer anotações durante uma aula dada em um auditório lotado.

Nas palestras ou aulas, o professor estabelece o ritmo, e isso pode representar um desafio, especialmente se você não estiver acostumado ao método de ensino que ele usa. Se for difícil acompanhar o ritmo da aula, algumas táticas úteis são estas:

- Peça a seu professor para ir mais devagar ou para esclarecer alguns pontos fundamentais – pode ser que ele não perceba que o ritmo está muito rápido.
- Seja mais rígido na seleção daquilo que anota. Você está copiando coisas que estão disponíveis em outros textos, como, por exemplo, nas apostilas de aula ou nos textos recomendados na bibliografia? Se estiver, tente se concentrar no material de aula que for novidade para você, ou que será difícil de encontrar em outro lugar (o seu professor chamou atenção para um determinado aspecto, novo ou controverso, por exemplo?)
- Acostume-se a usar abreviações de maneira sistemática. Com a prática, você provavelmente desenvolverá um método estenográfico próprio.
- Certifique-se de que você revisará suas anotações depois da aula, de maneira que possa lidar com quaisquer lacunas e tenha mais tempo para pensar criticamente sobre o que aprendeu.

Pode ser um trabalho árduo prestar atenção simultânea a material audiovisual (às palavras de seu professor e, por exemplo, às lâminas ou aos *slides* que ele estiver apresentando) e anotar ao mesmo tempo. Dê uma olhada nas páginas 78 e 79 para ter uma ideia de como lidar com isso e julgue se você acha a abordagem adequada. Você faria algo diferente?

Tomando notas ao ler

Ao ler, há objetivos específicos que vão além do registro de informações e da interação com o material apresentado. Você provavelmente tomará notas para um determinado uso – por exemplo, para preparar-se para um seminário ou para pesquisar para um ensaio. Você deverá ter esses contextos diferentes em mente. Se você for utilizar suas notas em um seminário, ser conciso será muito importante. Se tiver de ler páginas e páginas do que anotou para encontrar o que precisa, é provável que perca o fluxo da discussão. Quando estiver se preparando para escrever um ensaio, obter informações suficientes e dispor das referências adequadas é extremamente importante.

Quando se lê um texto, diferentemente do que ocorre em uma aula, o argumento inteiro está registrado diante de você sob a forma escrita. Como tomar notas nessa situação?

Já falamos das vantagens de ler o texto mais de uma vez para compreender bem seu conteúdo filosófico. Muitas pessoas aconselham que, na primeira leitura de um texto, você *não* tome notas – em vez disso, você deve concentrar-se em obter uma visão geral do argumento. O raciocínio é que a atividade de tomar notas pode fazer com que você se perca nos detalhes, sem obter uma visão geral do texto como um todo.

Embora não seja necessário ter uma atitude dogmática em relação ao fato de às vezes um determinado ponto "saltar diante dos seus olhos" quando estiver lendo, em geral, é bom anotar tal ponto – se mantivermos esses princípios em mente, teremos, com certeza, benefícios no futuro. Em geral fica mais fácil identificar e entender os pontos principais depois de ter lido uma vez todo o argumento. Assim suas notas serão mais seletivas e eficientes.

O fato de o texto original já estar registrado sob a forma escrita lhe dá a oportunidade de tomar notas que "dialoguem" com o texto – por exemplo, anotando nas margens do texto os seus resumos, esclarecimentos, perguntas e críticas. Contudo algumas precauções são necessárias:

- Primeiramente (e talvez de maneira mais óbvia): anotar nas margens de um texto é algo legítimo, mas só o faça quando o texto for de sua propriedade – jamais faça isso com os livros da biblioteca, por exemplo. Além de estar violando a propriedade dos outros, você não terá acesso às notas depois de devolver o livro.

Lâminas ou *slides* utilizados em aula

Filosofia da mente: teoria da identidade
- Problemas com outras teorias da mente (recapitulação)
- **Dualismo**
  - Ausência de evidência científica de qualquer substância espiritual imaterial
  - Mesmo que ela exista, como lidamos com a *relação* entre substâncias mentais e físicas?
- **Behaviorismo**
  - Rejeita o dualismo em favor de uma consideração puramente *fisicalista* da mente, mas
  - falha ao explicar a *causação* mental.

O desafio da teoria da identidade
- Explicar a causação mental (diferentemente do behaviorismo).
- Oferecer uma consideração *fisicalista* da causação mental (diferentemente do dualismo).
- Evitar a *sobredeterminação* causal.
  - Todos os fatos físicos têm uma causa física inteiramente suficiente (o princípio do *fechamento causal*).
  - Alguns eventos físicos têm uma causa mental.
  - Como evitar concluir que alguns eventos físicos tenham uma causa física suficiente *e* uma causa mental?

A solução da teoria da identidade
- Os estados mentais *são idênticos a* determinados estados físicos particulares,
  - nomeadamente, determinados estados do cérebro
  A mente *é* o cérebro

Comentários orais do professor para o segundo *slide*

... Assim o problema continua: precisamos compreender como os estados mentais podem causar eventos físicos – que é algo que o behaviorismo não explica – sem que apelemos ao dualismo. E queremos evitar o dualismo porque temos boas razões científicas para aceitar o fisicalismo – que é a tese segundo a qual tudo pode ser explicado em termos físicos. Um argumento fundamental desse tipo é o argumento do fechamento causal para o fisicalismo, que é algo como:

Toda vez que um estado físico tenha uma causa, ele tem uma causa física plenamente suficiente. Esse princípio científico é conhecido como "o fechamento causal do físico" e ele sustenta todas as nossas hipóteses sobre como o mundo funciona – para qualquer dado evento do mundo físico, deve ser possível contar a história completa de como aquele evento aconteceu, em termos de outras coisas e eventos de ordem física. Mesmo que não conheçamos essa história completamente (por exemplo, nos casos em que a ciência não for ainda suficientemente avançada), acreditamos que essa explicação física exista, e que é suficiente explicar a causa do evento em questão.

Mas alguns estados físicos têm estados mentais entre suas causas – o que é conhecido como causação psicofísica. Isso parece também ser incontroverso se pensarmos em exemplos do cotidiano – por exemplo, como explicar o que me fez comer uma barra de chocolate antes desta aula? Eu diria que senti fome; queria livrar-me da fome antes de a aula começar, para que eu pudesse me concentrar e acreditei que comprar uma barra de chocolate seria a solução. Cada uma dessas explicações envolve o apelo a um estado mental meu – um sentimento, um desejo e uma convicção, respectivamente.

Mas então parece que ficamos à mercê da conclusão de que o fato de eu ter consumido o chocolate tem uma causa inteiramente física e uma mental também – isto é, que esse evento é sobredeterminado causalmente...

Sobre suas anotações [se você dispuser de uma cópia dos slides apresentados pelo professor, poderá fazer notas junto a eles em vez de repetir o conteúdo por eles informado]

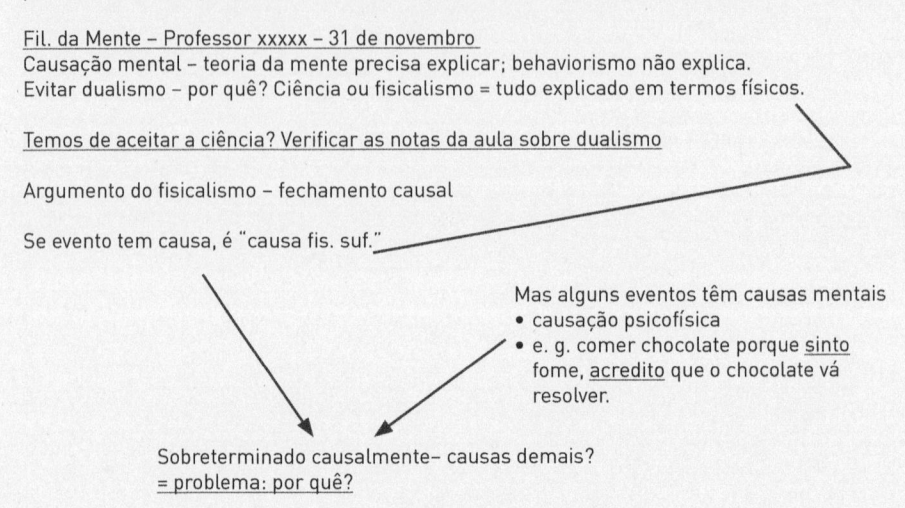

<u>Fil. da Mente – Professor xxxxx – 31 de novembro</u>
Causação mental – teoria da mente precisa explicar; behaviorismo não explica.
Evitar dualismo – por quê? Ciência ou fisicalismo = tudo explicado em termos físicos.

<u>Temos de aceitar a ciência? Verificar as notas da aula sobre dualismo</u>

Argumento do fisicalismo – fechamento causal

Se evento tem causa, é "causa fis. suf."

Mas alguns eventos têm causas mentais
- causação psicofísica
- e. g. comer chocolate porque <u>sinto</u> fome, <u>acredito</u> que o chocolate vá resolver.

Sobreterminado causalmente– causas demais?
= problema: por quê?

- Em segundo lugar, o texto original apresenta-lhe opções limitadas para a disposição das notas – o espaço físico da página poderá ser muito restrito, por exemplo. Se você desejar fazer anotações mais detalhadas, e/ou representar a estrutura do argumento de forma diagramática, por exemplo, talvez seja útil tomar notas em separado, em vez de fazer anotações nas margens do texto original.

Uma última consideração: e se você estiver lendo um texto que já foi anotado por outra pessoa, como ocorre, por exemplo, às vezes, quando você compra um livro usado? Nesse caso, tenha cuidado. Pode ser conveniente usar as anotações de outra pessoa como um complemento, mas nunca como um substituto para as suas próprias notas; e você deve analisar as anotações de outra pessoa da mesma forma crítica que analisa o original.

Com essas considerações em mente, observe o exemplo das páginas 82-83. o exemplo usa duas técnicas: a de anotar no próprio texto, sublinhando palavras ou frases importantes e elaborando seu significado nas margens –, e a de criar notas à parte. Você considera tais maneiras de anotar úteis? O que você acha dos comentários de quem anotou? Como você adaptaria essas anotações ao seu modo de anotar?

FAZENDO MELHOR USO DE SUAS NOTAS

Uma vez feitas as suas notas iniciais, há outros passos que você pode dar para garantir que você seja capaz de fazer melhor uso delas. Afinal de contas, você dedicou tempo e trabalho à criação do que agora é um recurso valioso.

Revisando suas notas

É bem possível que a atividade de maior valor que você possa realizar para reforçar a importância das suas anotações é revisá-las pouco tempo depois. Se você desencavar notas de seis meses atrás para um exame na véspera deste, descobrirá que em muitos casos não as entenderá (ou sequer as decifrará). Por isso, a importância da revisão. Em nível bastante básico, será de muita ajuda identificar lacunas, por exemplo, onde você tiver escrito uma frase resumida ou abreviada por causa da falta de tempo, a fim de completá-la em maiores detalhes, recapturando a essência do que foi dito. Esse procedimento também lhe dará a oportunidade de identificar qualquer ponto de ação. Há entre suas notas alguma que diga "não entendi"? Se houver, o que fará para resolver a dúvida? Fará perguntas no próximo seminário? Consultará enciclopédias?

Essa atividade também o ajudará a fazer mais do que garantir a precisão e a abrangência de suas notas – ela o preparará para pensar novamente sobre as ideias discutidas, enquanto elas ainda estiverem frescas na sua mente; dará a você a oportunidade de desenvolver reflexões críticas próprias. Ao analisar novamente o argumento como um todo, poderá identificar dificuldades que não estavam totalmente claras quando estava concentrado nos detalhes da aula ou do texto. Isso pode ajudá-lo a identificar os pontos em que você estava confuso ou em que havia alguma discordância de sua parte, aqueles pontos que o faziam pensar algo como "isso não parece totalmente certo, mas não tenho certeza do que esteja errado". Revisar suas notas deve ajudar a desenvolver a capacidade de analisar filosoficamente, o que será de fundamental importância quando o assunto for discutir as questões em aula ou escrever um ensaio filosófico para avaliação.

Comparando suas notas

Outra estratégia que pode ajudá-lo a ampliar a eficácia de suas anotações é compará-las às de outros colegas de curso. As notas deles capturam os mesmos pontos principais do texto ou da aula em questão? Se não, isso

Notas da margem	Texto original [os trechos sublinhados são marcas do leitor]
A filosofia é necessária como o serviço de um encanador porque... - complexa - necessária Não é percebida até que as coisas deem errado	A filosofia é <u>como o serviço de um encanador, que sonda problemas para achar soluções? (...) Filosofar não é somente algo grandioso e elegante, mas também algo necessário</u>. Não é opcional... Tanto o trabalho do encanador quanto a filosofia são atividades que surgem porque culturas avançadas como as nossas têm, por debaixo de sua superfície, um sistema bastante complexo que <u>normalmente não é percebido e que às vezes não funciona, apresentando erros</u>. Em ambos os casos, pode haver consequências sérias. Os dois sistemas oferecem elementos indispensáveis para quem vive "acima" deles. Ambos são difíceis de consertar quando apresentam problemas, porque nenhum deles foi planejado conscientemente como um todo. Já houve muitas tentativas ambiciosas de consertá-los, mas as complicações foram demasiadamente amplas e não permitiram um começo inteiramente novo.
O sistema não é planejado: difícil de consertar	Nenhum dos dois sistemas teve um só criador que soubesse exatamente quais as necessidades que teriam de atender. Ao contrário, ambos os sistemas cresceram de maneira imperceptível ao longo dos séculos e estão constantemente sendo alterados a fim de atenderem a novas demandas... Ambos são, portanto, hoje, bastante intrincados. Quando surge um problema, é necessário conhecimento especializado para que haja alguma esperança de que as coisas se ajeitem.
A filosofia <u>não é</u> como o serviço de um encanador porque a necessidade dela não é reconhecida	Aqui, contudo, deparamo-nos com a primeira grande diferença entre os dois sistemas. Quanto ao trabalho do encanador, todos aceitam a ideia de que um especialista é necessário... No que diz respeito à filosofia, as pessoas não apenas duvidam de sua necessidade, mas são céticas quanto à existência de um sistema subjacente. O fato, porém, é que esse sistema existe, e está muito mais escondido do que o sistema de encanamento de nossas casas. Quando os conceitos pelos quais nos orientamos funcionam mal, eles não se manifestam de maneira audível como se fossem um cano rebentado, <u>mas simplesmente distorcem e obstruem de maneira silenciosa o nosso pensamento.</u>
Dificuldade em ver o prob.	Em geral não percebemos de maneira consciente esse desconforto e esse mau funcionamento, assim como às vezes nos acostumamos e não mais percebemos o desconforto provocado por mau cheiro constante... Podemos, na verdade, reclamar que a vida não está indo bem – que nossas ações e relações não estão de acordo com o que pretendíamos. Mas pode ser muito difícil entender por que isso acontece ou o que fazer sobre o assunto. Esse fato ocorre porque achamos muito mais fácil buscar problemas fora de nós do que em nós mesmos. É sabidamente difícil enxergar falhas em nossa própria
Tend. a buscar probs. e soluções no mundo externo – difícil diagnosticar problemas internos?	motivação, na estrutura de nossos sentimentos. Mas é, de certa maneira, mais difícil ainda – é menos natural – voltar nossa atenção ao que poderia estar errado em nossas ideias, na estrutura de nosso pensamento. <u>Nossa atenção se direciona naturalmente para o que está errado no mundo, ao que está fora de nós. Fazer com que o pensamento se volte criticamente ao que está errado em nós mesmos, internamente, é, por sua vez, bastante difícil...</u>

Notas à parte
Mary Midgley, "Philosophical Plumbing". In A. Phillips Griffiths ed. The Impulse to Philosophise (Cambridge: CUP, 1992).

Analogia: filosofia = serviço de encanador
- necessários
- complexos
- ocultos, não são percebidos (exceto quando há problema)
- se houver erro, haverá problemas no mundo real
- sistemas relativamente não-projetados, evoluem com o tempo
- requerem especialistas

"Quando os conceitos pelos quais vivemos funcionam mal, eles não se manifestam de maneira audível como se fossem um cano rebentado, mas simplesmente distorcem e obstruem de maneira silenciosa o nosso pensamento" (p. 139).
- dificuldade de identificar os erros presentes em nossas ideias ou sistemas de pensamento
- tendência a buscar a fonte do erro no mundo exterior, não internamente

? nada foi dito (ainda) sobre a especialidade do filósofo

isso é verdade? se for, tem de ser assim?

ou são apenas hábitos mentais que podem ser curados?

poderá ser uma fonte de material de apoio para você, com a qual poderá refinar sua análise filosófica – por exemplo, a perspectiva dos seus colegas é uma interpretação diferente da teoria em discussão que possa ajudá-lo a comparar, analisar e avaliar diferentes pontos de vista sobre o tópico?

A forma e também o conteúdo das notas de seus colegas podem ser um valioso recurso. Você pode aprender novas maneiras de anotar, por exemplo, incorporando as ao seu repertório.

Tenha um pouco de cuidado, porém. Se de fato consultar as notas dos outros, tenha cuidado ao usá-las. Não é nada recomendável depender das notas dos outros. Como já vimos, você aprenderá muito mais fazendo suas próprias notas do que simplesmente absorvendo as palavras de outros. Você deve também tomar cuidado para não apresentar ideias que não são suas como se fossem. Em uma situação extrema, tomar emprestadas as notas de outras pessoas e usá-las em seu trabalho pode ser uma fraude ou plágio (maiores detalhes sobre isso serão dados na seção sobre "Como Evitar o Plágio", no Capítulo 5).

Guardando suas notas

A última consideração a ser levada em conta para fazer bom uso de nossas anotações é guardá-las bem – elas serão pouco úteis se você tiver de lutar para encontrá-las, por exemplo, na hora de preparar-se para uma prova. Registrar de maneira precisa as fontes de suas notas, conforme discutimos na seção anterior, ajudará você a fazer isso – e você pode então organizar suas notas por tópico, autor ou qualquer sistema de classificação que achar útil.

Algumas pessoas também acham útil anotar a data em que fizeram as anotações, o que pode ajudar na organização de notas sobre pensadores fundamentais ou teorias fundamentais que se poderá voltar a ler no futuro. Talvez lhe peçam, por exemplo, para ler *A República* mais de uma vez durante a graduação – primeiramente como uma espécie de "Introdução à filosofia" e depois, em nível mais avançado, como parte de filosofia política. Nesse nível, suas anotações do primeiro semestre podem lhe ser úteis, mas você também provavelmente acrescentará novos elementos a elas – o que reflete o enfoque diferente que se dá ao livro em semestre mais avançado, além, é claro, de sua capacidade já mais desenvolvida para a análise filosófica – e será útil dispor de dois conjuntos de notas sobre o mesmo texto.

RESUMO

Este capítulo deu-lhe uma visão geral sobre como tomar notas pode ser uma atividade filosófica em si. O capítulo também apresentou várias estratégias para tornar suas anotações adequadas ao uso futuro, como um recurso valioso para a sua evolução profissional. Ser capaz de fazer anotações pertinentes e concisas é uma habilidade filosófica fundamental a ser desenvolvida e que será sempre bem-considerada à medida que você realizar outras atividades filosóficas, descritas no restante deste livro.

4
Discussão

Quase todo departamento de filosofia exige que seus alunos de graduação passem boa parte de seu tempo discutindo, argumentando, debatendo. Talvez você não tenha passado por essa espécie de experiência na escola, mas é importante que entenda por que há tantas oportunidades para debates e discussões na universidade, especialmente em uma disciplina como a filosofia. Discutir as coisas com seus colegas pode parecer uma maneira estranha de aprender. Se você não souber o porquê de uma discussão, não aproveitará muito o que ela tem a oferecer.

O VALOR DA DISCUSSÃO

Embora você possa pensar que discutir seja algo que se faça ao natural, saber contribuir para uma discussão é uma arte. Em quase toda profissão que você exerça depois de um curso de graduação, haverá a expectativa de que você participe de encontros e que faça com que eles sejam mais produtivos do que seriam caso não estivesse presente. Você precisará expressar sua própria opinião, defendê-las contra a crítica de outras pessoas e colaborar para formar soluções executáveis. É aqui que entra em cena a capacidade filosófica de saber discutir.

Tanto quanto perceber o valor do desenvolvimento de sua capacidade de discutir para a vida em geral e para a sua carreira, também acreditamos que sua experiência como aluno será melhor se você, em vez de apenas escutar o que seu professor diz, envolver-se em debates com seus colegas. Por quê? Algumas das razões são comuns a todo ensino universitário; algumas são inerentes às ciências humanas; outras são peculiares à filosofia.

Aprendizagem ativa

Aceita-se amplamente que a aprendizagem ativa é mais eficaz que a passiva. Você aprende mais e mais profundamente fazendo coisas, refletindo sobre o que estiver fazendo e recebendo *feedback* em tempo sobre o que fez, do que se apenas memorizasse o que lhe dizem nas aulas para depois regurgitar o que foi dito em provas ou exames.

Os grupos de discussão são um meio ideal para aprender dessa forma, porque você estará ativo enquanto estiver ouvindo e buscando entender as contribuições dos outros; pensar em que contribuição você pode dar e quando contribuir. Você também obterá *feedback* de seus colegas e de seu professor, e a receberá instantaneamente (ao contrário dos trabalhos escritos, que podem demorar semanas para serem devolvidos).

Matérias controversas

A capacidade de discutir bem é mais valorizada ainda na área de ciências humanas do que em outras disciplinas. Isso ocorre porque a matéria é *controversa* – isto é, há desacordos fundamentais sobre a natureza da matéria, e, mesmo quando duas pessoas concordam em termos gerais, podem discordar sobre a interpretação e a avaliação de determinados textos. Um curso bem-projetado refletirá a diversidade de opiniões, e as palestras e as listas de leitura devem capacitá-lo para explorar uma gama de abordagens e interpretações diferentes. Contudo, professores ou palestrantes são humanos e eles podem fazer com que as evidências pesem mais para o lado de suas próprias opiniões. Os grupos de discussão oferecem uma oportunidade para você explorar pontos de vista conflitantes.

Fato também importante é que, ao escrever um ensaio, a expectativa será de que você saiba apresentar argumentos a favor e contra possíveis interpretações diferentes de um texto, e a favor e contra as doutrinas que você extrair do texto. Isso será extremamente difícil de fazer se você estiver trabalhando por conta própria visto que o seu próprio juízo tende a impedir certas alternativas em sua mente. Se você gastou bastante energia mental tentando descobrir o que um texto significa, um dos critérios que pode usar para o sucesso será o de que sua interpretação seja *plausível*. Mas se você a considerar plausível, terá simpatizado com ela e lhe será difícil encontrar argumentos contrários. Há modos de enfrentar o problema quando estiver trabalhando sozinho, tais como usar sua imaginação para pensar em maneiras diferentes pelas quais pessoas diferentes possam interpretar e criticar o texto. Mas a solução mais simples é discutir a interpretação e a crítica do texto com seus colegas, que terão visões de mundo diferentes, o que propiciará uma ampla variedade de abordagens e críticas. Você deve dar crédito às ideias que pertencerem a seus colegas, pois não perderá pontos se aderir à convenção acadêmica de dar crédito às fontes utilizadas em suas intervenções.

Raízes da filosofia

Nesse estágio, deve estar óbvio por que a discussão é considerada crucial na filosofia, com sua ênfase no envolvimento crítico, no argumento e no contra-

-argumento. A filosofia é um caso especial porque o diálogo tem sido essencial à sua prática desde o começo. Sócrates não foi o primeiro filósofo, mas foi o primeiro filósofo que conhecemos a insistir, como de fato sabemos, que qualquer afirmação de verdade deve ser sujeita ao debate racional. Sócrates foi um professor brilhante que jamais deu aulas e nunca escreveu livros, mas que limitava seu ensino ao *diálogo* (registrado por seu discípulo Platão). Hoje, na cultura acadêmica moderna, enquanto os filósofos discutem suas ideias informalmente com seus colegas e amigos e também em conferências e seminários mais formais, a palavra escrita tende a ser o primeiro método para disseminar o pensamento.

Somos, na verdade, confrontados por modelos diferentes acerca daquilo em que consiste *fazer* filosofia. De acordo com o modelo socrático, é uma atividade de grupo, na qual o resultado depende das contribuições de diferentes pessoas. Sócrates não teria realizado o que realizou sem a presença dos participantes, assim como um maestro não conseguiria executar uma sinfonia sem a presença dos músicos. E a antiga Atenas não era o único lugar e nem foi a única época em que o modelo socrático foi praticado. Quando a aprendizagem universitária foi restabelecida na Europa medieval, parte importante do programa era a "*disputatio*", na qual os alunos tinham de defender uma tese controversa em um debate público.

Em um modelo diferente (que foi de fato o modelo preferido do Platão maduro), os filósofos atuam como solistas, que pensam por si sós, e depois apresentam os resultados do que pensaram por meio de aulas ou livros. A discussão ainda tem seu lugar, mas diferentemente do diálogo socrático, o indivíduo vai para um seminário ou conferência com um artigo ou uma apresentação já preparada, e a defende contra as críticas da audiência.

O modelo platônico é agora dominante, e é provável que boa parte do ensino que você receba consista em aulas ministradas por seus professores, na leitura de livros e artigos em que outros acadêmicos lhe dizem o que pensam, para depois você discutir tais questões em seminários ou cursos. Embora o diálogo socrático não seja um método usado em todas as aulas, o desenvolvimento de um filósofo que se inicia depende da participação ativa no processo de debate filosófico. Com efeito, alguns filósofos, como Sócrates, Hobbes e Wittgenstein, argumentaram que mesmo o ato de *pensar* é em primeiro lugar uma atividade social, e pensar apenas para si mesmo, sem revelar o que se pensa, é algo considerado parasitário no debate público. Platão disse que Sócrates definia o pensar como "o diálogo silencioso da alma consigo mesma" (*Sofista*, 263e). Isso parece ser verdadeiro, e implica que aquele pensamento que não se abre ao debate público não se expõe aos cortes e aos testes deste.

Há algo de artificial em um ensaio ou tratado filosófico, porque é escrito com a voz particular do autor, ainda que tenha de levar em consideração uma variedade de diferentes pontos de vista, e argumentos pró e contra. Uma das dificuldades que você pode ter ao escrever ensaios é que tem de expressar, em sua própria voz, ideias com as quais não concorda. Pode ser mais fácil escrever sob a forma de diálogo, porque você pode se distanciar dos personagens que dizem coisas com que não concorda. Na filosofia, há uma longa história do uso da forma do diálogo – Leibniz, Berkeley e Hume são exemplos notáveis – e você pode discutir com seus professores a possibilidade de escrever um diálogo em vez de um ensaio convencional. Você pode constatar que o diálogo libera a sua imaginação para pensar em diferentes pontos de vista e argumentos. O melhor de tudo é que você pode reviver a experiência de Platão de reconstrução de discussões que de fato ocorreram – desde que você também tenha a experiência de participar em um diálogo genuíno. O propósito deste capítulo é ajudá-lo a fazer isso.

SEMINÁRIOS DE DISCUSSÃO

Uma das razões pelas quais suas aulas provavelmente sigam o modelo platônico é que a universidade moderna é muito diferente da praça pública da Atenas antiga. Para começar, os grupos necessariamente são muito mais formais do que nas discussões ao acaso em que Sócrates estava presente. As discussões realizadas na universidade serão parte de um programa, com tópicos estabelecidos de antemão; você talvez não tenha controle sobre o grupo em que deve ingressar; e pode ser punido por não estar presente ou receber uma nota pela qualidade de sua contribuição. As discussões que conseguirem captar a espontaneidade e a originalidade dos primeiros diálogos de Sócrates serão vivas, envolventes e memoráveis, constituindo-se em um bom modelo a ser alcançado durante o curso.

Os grupos serão de tamanhos e estruturas diferentes, recebendo nomes também distintos em diferentes universidades – o que se pode chamar de seminário aqui, pode ser chamado de curso orientado ali. O formato mais comum talvez seja o de um grupo de cinco a 20 alunos, que se encontram regularmente sob a supervisão de um professor para discutir questões que surgem nas aulas, o que chamamos de seminário de discussão.

Preparação

Como já dissemos, boa parte do tempo necessário para aprender a ser um filósofo será passado fora da sala de aula, e preparar-se para uma discussão é parte disso.

Por que se preparar ?

Mesmo que quiséssemos não conseguiríamos enfatizar o quanto os seminários de discussão constituem-se na principal oportunidade para que você filosofe de maneira ativa e desenvolva sua capacidade de argumentar eficazmente. Se você não se preparar bem para um seminário e não contribuir ativamente para a aula, o propósito dos grupos de discussão terá sido negado. Isso será bastante frustrante para os professores, que terão de falar por você. Além disso, não preparar um seminário também indica um desprezo por sua experiência de aprendizagem e também pela de seus colegas. Por isso, a responsabilidade pelo sucesso de uma discussão é principalmente *sua*.

Além de escrever ensaios, é nas discussões que você tem a oportunidade de demonstrar que leu e entendeu o que foi pedido. As discussões são uma excelente oportunidade para você melhorar a compreensão e a crítica do que leu. Por isso, é importante dedicar bastante tempo à preparação.

Como se preparar

Preparação solo

Você certamente receberá instruções sobre o que fazer antes de um debate ou de uma apresentação. Em geral os programas das disciplinas lhe dizem quais leituras são necessárias para a semana, a fim de que você se prepare para o que será discutido nos seminários, e os professores darão orientações sobre como fazê-lo. Às vezes, isso parece indicar uma grande quantidade de leitura, e será exigido que você tome decisões inteligentes por conta própria sobre o que é possível atingir no tempo disponível. Já demos, no Capítulo 2, alguns conselhos sobre a escolha do que se vai ler, e o fundamental aqui é lembrar-se de que a profundidade da leitura é melhor do que quantidade. Quando você recebe uma grande variedade de textos para ler sobre um determinado assunto, pode ser melhor escolher alguns poucos que representem uma boa amostra dos pontos de vista e analisá-los em profundidade do que tentar ler todos e ter uma compreensão superficial.

Também é provável que você receba uma série de questões que venham a dar forma à sua leitura, às quais você deve responder antes do seminário. Contudo, nem todas as disciplinas seguem esse padrão e, quando se recebe pouca orientação, é possível analisar os textos por meios já indicados aqui, a fim de que os argumentos fiquem claros para você.

Já lhe demos conselhos gerais sobre como ler e tomar notas, e aqui estamos preocupados apenas com o que você precisa produzir ao preparar-se para uma discussão ou debate. A regra é ser breve e ater-se às questões que foram feitas (ou ao que você considera pontos fundamentais, caso não tenha recebido questões de orientação). A principal razão para trazer as coisas que você tenha escrito para o debate é lembrar os pontos mais salientes que surgiram durante a leitura. Por isso, as notas devem ser concisas e trazer os pontos importantes que você deseja demonstrar, ou questões que queira fazer, de maneira clara, a fim de que possa localizá-las com facilidade.

Há outra razão para as anotações, relativa ao fato de você poder ser uma pessoa tímida ou que fique nervosa ao falar em público, especialmente quando o assunto é difícil e a audiência, numerosa. Um cenário bastante comum é aquele em que o professor pergunta se alguém tem uma resposta para a primeira questão e, em não havendo resposta, escolha um aluno para responder – que pode ser você. Porém, mesmo que você não seja escolhido, será bom e lhe dará confiança trazer consigo algo que tenha sido preparado de antemão e por escrito.

É tranquilizador ter consigo uma resposta breve sob a forma escrita, que pode ser o passo inicial para uma discussão. Mais difícil é preparar-se para questões extras, mas se você tiver preparado boas respostas para as perguntas iniciais será capaz de lidar bem com perguntas extras como "O que você quer dizer com isso?" ou "Quais foram as razões que fundamentaram essa conclusão?".

Preparação colaborativa

Até agora lidamos com a preparação individual. Mas é possível, e altamente eficiente, trabalhar em conjunto, isto é, colaborativamente, com seus colegas. Uma razão comum para não falar durante os debates é o medo de parecer tolo, algo que em geral acontece com alunos que não estejam acostumados a aprender dessa forma. Mas, com bastante frequência, o que ocorre é que as dúvidas que temos são compartilhadas por muitos colegas.

Para ajudar a superar uma possível timidez é bom conversar com os colegas em um ambiente mais informal antes de você passar à discussão formal em sala de aula. Alguns departamentos organizarão encontros menos formais de alunos, em que os do primeiro ano sentem-se mais à vontade para falar mais livremente e fazer perguntas que não fariam em sala de aula. Caso seu departamento ou seu professor não tenham organizado esses encontros informais, você poderá organizá-los por conta própria. Se você comparar o que faz quando se prepara individualmente para um debate ou uma discussão com o que faz quando a preparação é em grupo ou colaborativa, a grande diferença estará no fato de que as habilidades que são exercitadas por conta própria (ler e escrever) não estão presentes em um debate; ao passo que aquelas habilidades envolvidas no trabalho colaborativo são exatamente as presentes nos grupos de discussão (ouvir, falar, argumentar, etc.). Por isso, qualquer discussão informal dará a você a oportunidade de *praticar* as habilidades que precisa demonstrar nos seminários.

Uma vantagem adicional de se fazer parte de um grupo informal é a de que é possível dividir o trabalho de preparação. Seus professores chegaram onde estão porque estavam entre os melhores alunos, com um apetite voraz pela leitura. Algumas pessoas talvez tenham achado a leitura de textos filosóficos sérios mais difícil do que eles e, como vimos no capítulo sobre leitura, para algumas pessoas a lista de leitura sobre determinado assunto pode parecer inaceitável. Um modo de resolver esse problema é o grupo informal compartilhar a leitura de, por exemplo, alguns dos textos de fonte secundária e conversar com os colegas sobre o que se aprendeu.

A discussão propriamente dita

Os departamentos podem ser muito bons no aconselhamento necessário ao desenvolvimento das habilidades que formam um filósofo competente. Sendo assim, eles orientarão você a participar de uma discussão filosófica, e quaisquer regras locais devem sobrepujar as sugestões de caráter geral que fizemos aqui, especialmente se aquilo com que você contribuir para os debates contar para sua pontuação ao final do curso. Se esse for o caso, você receberá critérios claros sobre como será avaliado e a atitude correta é adequar-se aos mesmos.

Porém, é bastante provável que você tenha de enfrentar uma situação completamente diferente, como a de, por exemplo, não receber quaisquer regras. Essa é outra razão pela qual os grupos de discussão, que deveriam estar no próprio âmago de sua aprendizagem, voltada à formação de um filósofo, podem ser uma experiência frustrante para professores e alunos. Se ninguém receber orientação sobre como participar de maneira eficaz de uma discussão, não é de espantar que os grupos não funcionem eficazmente.

Para que o debate seja proveitoso, você, sendo um aluno entre muitos, terá de adotar uma postura pró-ativa. Se quiser de fato saber como pensar por conta própria, e não simplesmente absorver as informações e as opiniões dos outros, precisa ser responsável pelo andamento da discussão. Formalmente, é o professor que comanda o grupo. Mas a maior parte dos professores ficaria bastante feliz se pudessem estabelecer a discussão e acompanhar um debate vivo entre os alunos, intervindo minimamente nele, e, depois, concluindo-o no momento adequado.

Lembre-se de que tudo o que o professor diz pode ser também dito por um aluno. Por exemplo, se um aluno disser algo sem dar razões que sustentem o que diz, o professor pode pedir a ele para explicitar suas razões. Mas todo aluno pode fazer o mesmo, conforme aconteceria em um grupo informal em que o professor não estivesse presente: "Você afirma tal coisa, mas quais são as razões para isso?". Uma discussão filosófica realmente se dá quando todos operam em dois níveis: pensam sobre o tópico do debate propriamente dito, conscientes do modo como ele se desenvolve, e fazem intervenções quando há necessidade. Mesmo que haja alguém responsável pela apresentação, todos os participantes podem contribuir para o direcionamento e para a força do debate.

Como discutir filosoficamente

Aqui estão alguns pontos que podem formar a base dos critérios de avaliação, se você for receber uma nota pelo que fizer nos seminários (além, é claro, do conteúdo da contribuição filosófica que der). Tais critérios são muito úteis mesmo quando você não é avaliado, pois oferecem uma boa análise do que significa discutir filosoficamente:

- Prepare-se para a discussão.
- Expresse-se clara e concisamente.
- Fale em tom audível, pronunciando as palavras claramente (imagine que está falando à pessoa que estiver na posição mais distante de você na sala).
- Participe de maneira ativa, mas sem falar demais (lembre-se de que você deve passar a maior parte do tempo ouvindo, e não falando).
- Ouça o que os outros têm a dizer, sem interrompê-los (duas pessoas não devem falar ao mesmo tempo, porque elas não podem ouvir o que a outra está dizendo. Se isso acontecer, o coordenador do debate ou outra pessoa deve intervir).
- Mantenha-se centrado no assunto principal do seminário.
- Apresente argumentos bem-pensados, em vez de afirmações sem base, esteja você defendendo uma opinião pessoal ou respondendo à argumentação de outra pessoa.
- Mostre respeito pelos outros (seja educado com as pessoas de quem você discorda: muitas pessoas já mal contribuem para as discussões por acharem tarefa difícil, e a desaprovação feita de maneira rude poderá piorar esse quadro; não se esqueça de que os participantes menos confiantes do grupo podem ter muito a dizer).
- Convide os outros a conversar.
- Esclareça o que os outros dizem por meio de resumos do que foi dito ou de perguntas inteligentes.
- Não deixe que o debate gire em torno de assuntos irrelevantes.
- Apresente considerações que foram negligenciadas.

Aqui estão outros conselhos que devem ajudá-lo a seguir tais orientações, fazendo com que o debate seja produtivo:

- Certifique-se de que você esteja sentado em um lugar de onde possa ver o rosto de todas as pessoas da sala.
- Faça o melhor para solidarizar-se com diferentes pontos de vista: um bom filósofo sabe lidar com o fato de que haja diferenças insolúveis entre as pessoas, sem que isso impeça a discussão.

- Veja a discussão como um empreendimento cooperativo em que todos estejam buscando a verdade, mais do que um exercício competitivo no qual haja vencedores e perdedores
- Dirija-se a seus colegas mais do que a seu professor, e faça o melhor para que haja contato visual com eles. Se você voltar-se apenas ao professor, o seminário parecerá apenas uma série de perguntas e respostas dirigida ao professor como autoridade indiscutível, sem espaço para o diálogo genuíno.

Registrar o que ocorre

É tentador tomar notas durante as discussões de grupo, de modo que você não se esqueça de pontos importantes que sejam citados. O problema, porém, é que se você concentrar-se em tomar notas durante as discussões, perderá alguma coisa do que estiver sendo dito enquanto estiver escrevendo, e não terá tempo para pensar no que dizer quando for sua vez de contribuir para o debate. Alguns professores talvez peçam para alguém tomar notas sobre o que ocorra nos encontros, criando uma espécie de memorando em um *site* em que serão postados os pontos principais da discussão. Isso traz uma série de vantagens:

- Todos (exceto a pessoa que toma notas para o memorando) podem concentrar-se em ouvir e falar.
- A discussão será mais centrada se o grupo periodicamente verificar se a pessoa que toma notas está citando corretamente os pontos importantes.
- Se houver vários grupos paralelos de discussão nos quais diferentes coisas sejam ditas, um registro de todas as discussões deverá ser publicado para comparação posterior.
- Você poderá citar o que foi anotado como fonte secundária, evitando, assim, o perigo de plágio, caso reproduzisse as notas sem a correta citação de fonte.
- As notas do memorando poderão servir como base para discussões eletrônicas futuras.

Superando a timidez ou a falta de confiança

Outro obstáculo para um bom debate é quando alguns participantes são muito tímidos ou inseguros demais sobre o que sabem a respeito do assunto discutido, a ponto de não quererem se expressar. Sugerimos anteriormente que é mais fácil falar quando você está preparado, com respostas prontas para perguntas escritas (e talvez a razão mais comum para a falta de confiança seja falta de preparação). Há também outras maneiras de superar o problema.

Uma técnica que os professores em geral usam é dividir a turma em grupos de três ou quatro durante alguns minutos e pedir que uma pessoa de cada grupo fale pelos colegas. Pode ser às vezes mais fácil falar com um pequeno grupo de colegas sem a presença do professor e, depois, quando tiver de falar a ele sentir-se fortalecido pela coesão do grupo.

Há outras táticas que podem ser usadas. Uma dica é tentar dizer pelo menos alguma coisa, mesmo que insignificante, nos primeiros cinco minutos. Dessa forma, é menos provável que você se sinta oprimido por participantes mais falantes do grupo.

De maneira mais geral, ajudará se você puder ajustar sua atitude psicológica à situação do seminário. É natural que você hesite ao falar se pensar que os outros encontrarão falhas no que você disser, ou se você sentir que está em uma espécie de competição, com vencedores e perdedores, ou se estiver preocupado com o fato de ser julgado de maneira adversa. A discussão será muito melhor se você e seus colegas considerarem-se colegas de equipe que visam a um objetivo comum, tratando as contribuições de maneira construtiva, e não como uma oportunidade para encontrar falhas ou fazer julgamentos sobre os demais. Lembre-se de que a discussão filosófica é uma oportunidade valiosa para desenvolver seus próprios pontos de vista e habilidades filosóficas, e você terá melhores resultados se participar ativamente. Não deixe as oportunidades passarem.

OUTRAS FORMAS DE DISCUSSÃO

Apresentações

Em alguns cursos, em determinados departamentos, você será avaliado por uma ou mais apresentações formais que fizer diante da turma, e também por sua capacidade de responder a questões feitas por ela. Esse exercício é muito útil, pois você estará aprendendo algo que usará sempre em sua profissão. Porém, independentemente do alto valor que tenham, as discussões são bastante diferentes dos seminários. Além da própria apresentação, as principais diferenças são:

- Não há, em geral, discussão entre os membros da audiência.
- Há uma sequência de questões, não necessariamente relacionadas entre si, dirigidas ao apresentador.
- A ênfase pode estar (embora não necessariamente) mais na crítica e na defesa do que em uma busca cooperativa da verdade.

É difícil oferecer detalhes sobre como fazer uma apresentação filosófica, porque, se isso for parte de seu curso, o próprio professor dará a você instruções específicas sobre o que deve fazer e sobre como será avaliado. Por exemplo, a apresentação pode ser baseada em sua própria pesquisa individual ou sobre um projeto de grupo. Pode durar apenas uns minutos ou ser bastante longa. Talvez o professor peça-lhe para ler um texto que você tenha escrito antes, ou espera que você use recursos como o *Powerpoint*, um projetor ou fotocópias. A ênfase da avaliação pode estar no modo como você apresenta ou no conteúdo do que diz. A maior parte dos guias de estudo contém conselhos sobre como fazer apresentações.

Dito isso, fica claro que a preparação minuciosa é vital quando apresentamos trabalhos, seja por questões de confiança seja por questões de estar filosoficamente bem-aparelhado. Uma boa ideia é saber sempre mais do que está contido em sua apresentação, de maneira que você possa responder perguntas mais facilmente. Por exemplo, se sua apresentação for sobre uma determinada escola de pensamento em relação a um determinado problema específico, será útil informar-se sobre o que outras escolas de pensamento disseram a respeito do assunto. Também é uma boa ideia tentar pensar em possíveis críticas a seus argumentos e trabalhá-las na própria apresentação, com respostas – assim como você faria em um trabalho escrito, conferindo maior profundidade ao que for apresentado. Uma maneira de você treinar esse procedimento é fazer uma apresentação-teste diante dos colegas, o que pode lhe dar perspectivas críticas alternativas sobre o assunto que apresentará.

Discussão eletrônica

A maior parte dos professores de filosofia gostaria de passar mais tempo debatendo com os alunos. A principal restrição é do tempo destinado a cada professor. Se a discussão deve ser conduzida por um determinado professor, há um limite ao número de grupos pelos quais ele poderá responsabilizar-se, e o tamanho dos grupos ultimamente tem crescido bastante, a ponto de ser difícil, hoje, que haja lugar para todos. Um método cada vez mais popular para dar amplitude a uma discussão é o de criar listas eletrônicas de discussão.

Boa parte das universidades possui um ambiente de aprendizagem virtual, que permite aos professores a criação de listas que podem ser acessadas por alunos registrados. Há também listas públicas de discussão em que você pode participar de debates filosóficos com outros alunos e/ou filósofos, de vários níveis acadêmicos. Essa alternativa é valiosa, pois amplia suas perspectivas. É especialmente útil se você estiver estudando em um departamento muito pequeno em que o grupo de colaboradores também seja pequeno. Alguns exemplos são dados no Capítulo 6, "Recursos".

Há tanto vantagens quanto desvantagens na discussão eletrônica. As vantagens são:

- A discussão é assincrônica (isto é, os participantes não precisam todos estar presentes ao mesmo tempo). Por isso, você tem a oportunidade de pensar sobre sua própria contribuição e escrevê-la com cuidado, o que retira um pouco da pressão em geral sentida nas discussões de sala de aula, que consistem em respostas imediatas.
- Se você for tímido ao falar em aula, escrever é um modo mais fácil de contribuir.
- Não é necessário deslocar-se até a sala de aula.
- Há um registro permanente do que é discutido.

Algumas desvantagens são:

- Ausência de expressões faciais ou do tom de voz das pessoas, fatores que contribuem para o significado do que se diz – por isso, é mais fácil que ocorram mal-entendidos.
- Se você for disléxico, poderá achar mais estressante escrever do que falar.
- Se você não tem um computador e uma conexão com a Internet onde mora, talvez tenha de deslocar-se para participar das discussões.

Em geral, as regras de participação em uma discussão eletrônica são as mesmas utilizadas em discussões que se dão face a face. O único conselho extra que se pode dar é que a discussão é tão importante para o seu desenvolvimento como filósofo que deve aproveitar toda oportunidade, seja em aulas normais, em grupos informais ou *on-line* – mesmo que isso não conte diretamente para sua avaliação.

RESUMO

Este capítulo voltou-se à natureza vital da discussão, tanto para o desenvolvimento da filosofia como disciplina quanto para o seu desenvolvimento como filósofo. O capítulo também descreveu o que constitui a boa prática no debate filosófico e delineou algumas estratégias para tirar o máximo das várias oportunidades para discussão que lhe forem apresentadas.

Embora a discussão possa inicialmente parecer aterrorizante, trata-se de algo inerente a tornar-se um filósofo e, à medida que sua habilidade se ampliar, passará a ser uma atividade de que você gostará.

5
Escrevendo filosofia

Em muitas ocasiões será necessário escrever, durante o curso, de *e-mails* a uma monografia. Alguns textos seus serão avaliados, outros não. Mas você escreverá filosofia de diversas formas e com propósitos diferentes.

Este capítulo volta-se à escrita de ensaios e artigos. A maioria das universidades e das faculdades ainda utiliza os ensaios, sejam os ensaios escritos para uma determinada disciplina sejam os ensaios escritos em exames, como a forma principal de avaliação do aluno. Assim, analisar a escrita de ensaios será o modo pelo qual exploraremos e demonstraremos o melhor modo de escrever filosofia. Contudo, os pontos centrais sobre a estrutura e a clareza dos argumentos que discutiremos aplicam-se a todos os contextos que digam respeito à apresentação de ideias filosóficas.

Dito isso, você talvez ache útil dar uma olhada em orientações que digam respeito a outras formas de escrita, para ampliar o aconselhamento que damos aqui – as comunicações curtas precisam de um estilo diferente e muito sucinto, e as monografias são oportunidades para que você explore detalhes e sua criatividade. Cada vez mais se pede aos graduandos de filosofia que escrevam sobre uma variedade de tipos de trabalhos escritos, de apresentações à participação em *blogs*, e todas essas formas exigem habilidades específicas de escrita. O capítulo 6, "Recursos", apresentará algumas indicações sobre o assunto.

O QUE ESCREVER

No seu primeiro ano, você provavelmente receberá muitas orientações sobre o que escrever. Depois, ao longo do curso, essa orientação certamente diminuirá e, quando tiver de escrever sua monografia, terá de escolher uma questão filosófica própria para responder. Esta seção analisará o que faz parte da resposta a diferentes tipos de perguntas e o ajudará a escolher sobre o que escrever.

A lista de questões para um ensaio

Quando um trabalho é marcado no curso de filosofia, pode ser que lhe apresentem uma lista de ensaios, dos quais você terá de escolher um. Semelhante a uma lista de leitura, essa lista pode ser um pouco assustadora no início, especialmente se você a recebe no começo do semestre, quando ainda está se ambientando à matéria. Ter uma ideia do que os professores em geral esperam de seus trabalhos ajudará a decidir como escolher qual ensaio escrever.

Em geral, seu professor apresentará vários títulos de ensaios para você escolher, algo como:

Introdução à ética – Títulos para os trabalhos

Para cada um dos trabalhos, escolha um dos títulos abaixo e responda à pergunta correspondente sob a forma de ensaio, em não mais do que 1500 palavras.

- Trabalho 1: deve ser entregue ao departamento de filosofia até as 17h do dia 15 de novembro.
- Trabalho 2: deve ser entregue ao departamento de filosofia até as 17h do dia 15 de janeiro.

Os trabalhos devem ser originais – veja o manual do Curso para maiores informações sobre plágio e fraude. O manual também apresenta orientação detalhada sobre os critérios de avaliação, as exigências para a entrega dos ensaios e as punições em caso de não-cumprimento.

Trabalho 1 (data de entrega: 15 de novembro)
1. "Quem abusa de seu próprio corpo deve pagar o preço?" Analise o artigo de Glenda Cooper (Independent, 28.01.1997).
    a. Quais são os conceitos éticos e os princípios que esse artigo usa?
    b. Quais são os pressupostos utilizados pela autora? São justificáveis?
    c. Identifique a conclusão da autora e as razões apresentadas para tal conclusão. São boas razões?
    d. Devemos aceitar a conclusão da autora? Em caso positivo, quais são as implicações a que ficamos obrigados?
2. "A honestidade é a melhor política". A moral está entre nossos próprios interesses ou a vida moral tem valor em si mesma? Discuta essa questão com base em pelo menos um dos filósofos estudados neste semestre.
3. "Se Deus está morto, tudo é permitido" (Dostoiévski). Você concorda?
4. Matar outro indivíduo pode ser algo justificável? Discuta essa questão com base no utilitarismo.

Trabalho 2 (data de entrega: 15 de janeiro)
5. Avalie criticamente a afirmação de que a eutanásia é algo moralmente errado.
6. "Devemos tratar a humanidade sempre como um fim, nunca apenas como um meio" (Kant). O que Kant quer dizer com essa afirmação?
7. Aristóteles ainda tem algo a dizer à ética moderna? Dê exemplos e apresente as razões que sustentam sua resposta.
8. O que orienta melhor a moralidade: a razão ou os sentimentos? Discuta essa pergunta à luz de Hume e Kant. Que abordagem você considera mais aceitável? Por quê?

Escolher o tema a ser trabalhado é uma questão pessoal, que será influenciada por seus próprios interesses e pontos fortes (e também por considerações de ordem pragmática, tais como ter acesso ao material correspondente ao assunto escolhido). Um fator importante a considerar quando você fizer sua escolha e escrever seu ensaio, contudo, é o que a(s) pergunta(s) relativa(s) ao tema está (estão) pedindo que você faça.

Analisemos as perguntas apresentadas mais detalhadamente.

1. "Quem abusa de seu próprio corpo deve pagar o preço?" Analise o artigo de Glenda Cooper (*Independent*, 28.01.1997).
    a) Quais são os conceitos éticos e os princípios que esse artigo usa?
    b) Quais são os pressupostos utilizados pela autora? São justificáveis?
    c) Identifique a conclusão da autora e as razões apresentadas para tal conclusão. São boas razões?
    d) Devemos aceitar a conclusão da autora? Em caso positivo, quais são as implicações a que ficamos obrigados?

A questão 1 é **estruturada**. A principal fonte com que você terá de trabalhar está claramente definida, e os modos pelos quais você deverá fazer seus comentários estão todos delineados. O foco, portanto, é o entendimento pormenorizado do texto em questão. Contudo, você também precisa apresentar outras teorias éticas, e por isso terá de considerar mais amplamente as questões envolvidas e o contexto no qual o texto está situado.

As questões 2 a 6 apresentam uma **afirmação** e pedem que você opine sobre elas, o que é uma tática comum em trabalhos de filosofia, contemplada sob diferentes variações. Contudo, esses títulos para os trabalhos, embora aparentemente similares, fazem perguntas sutilmente diferentes. Por isso, precisamos analisá-las com maior cuidado.

2. **"A honestidade é a melhor política". A moral está entre nossos próprios interesses ou a vida moral tem valor em si mesma? Discuta essa questão com base em pelo menos um dos filósofos estudados neste semestre.**

O título já indica com clareza como você deve abordar o assunto – a discussão deve estar centrada em "por que ser moral", e deve discutir os pontos de vista de pelo menos um pensador já estudado sobre esse tópico.

3. "Se Deus está morto, tudo é permitido" (Dostoiévski). Você concorda?

Essa questão é bem menos detalhada. Com certeza, o seu professor esperará mais do que apenas um "sim" como resposta – você deve explicar e analisar as razões que sustentam o que está dito na citação e usar essa avaliação para dizer se concorda ou não com ela.

4. Matar outro indivíduo pode ser algo justificável? Discuta essa questão com base no utilitarismo.
5. Avalie criticamente a afirmação de que a eutanásia é algo moralmente errado.

Essas duas questões são exploradas em maior detalhe abaixo. Elas exigem um envolvimento crítico com questões éticas particulares, embora a 4 o oriente sobre qual escola de pensamento deve ser enfocada, ao passo que a questão 5 é mais aberta, deixando espaço para que você a discuta como quiser.

6. "Devemos tratar a humanidade sempre como um fim, nunca apenas como um meio" (Kant). O que Kant quer dizer com essa afirmação?

Essa questão é também bastante precisa: ela pede que você explique a afirmação de Kant. O enfoque do ensaio, portanto, deve estar na análise dos argumentos de Kant, buscando-se cuidadosamente os trechos de sua obra que são referidos (em vez de, por exemplo, discutir os argumentos de outros filósofos sobre o assunto).

7. Aristóteles ainda tem algo a dizer à ética moderna? Dê exemplos e apresente as razões que sustentem sua resposta.

Essa questão pede que você analise o impacto de um filósofo clássico sobre o pensamento ético contemporâneo – por isso você precisa mostrar algum conhecimento da teoria ética de Aristóteles e também explicar como ela se relaciona ao pensamento ético moderno. A questão é bastante aberta – por exemplo, você pode fazer isso dando exemplos de como os filósofos contemporâneos usam as ideias de Aristóteles, ou pela aplicação das ideias de Aristóteles aos dilemas morais modernos para explorar como a abordagem do autor grego pode ser usada hoje.

8. O que orienta melhor a moralidade: a razão ou os sentimentos? Discuta essa pergunta à luz de Hume e Kant. Que abordagem você considera mais aceitável? Por quê?

Essa questão é outra questão típica de ensaio – uma questão **comparativa**. Você precisa enfocar a obra de dois filósofos em relação a um assunto específico e avaliar os pontos de vista de cada um deles.

Analisemos os diferentes tipos de questão de maneira mais detalhada, de modo que você seja capaz de repetir esse tipo de análise quando tiver de fazer seus trabalhos. No geral, a maior parte dos ensaios está entre os tipos abaixo ou é uma combinação deles.

Perguntas estruturadas

Aqui se pede que você siga um determinado número de perguntas para formar uma resposta completa. Boa parte do trabalho de como sua resposta deve ser organizada já vem pronta, mas isso quer dizer que você precisa prestar especial atenção a arguir de maneira concisa e lógica em cada parte da questão. Em geral o pensamento crítico ou testes lógicos e ensaios serão desse tipo.

Questões descritivas

As questões desse tipo são em geral indicadas por palavras como "descreva", "mostre como", "demonstre", "explique por que"; por exemplo: "Descreva como Descartes chegou à conclusão que a única ideia clara e distinta inicialmente disponível a ele era o *cogito*". Aqui está se pedindo que você explique, com suas próprias palavras, como os argumentos dos outros funcionam. Simplesmente dar uma opinião sua, ou apenas dar a conclusão do argumento, não será suficiente; você precisará mostrar como as premissas e a(s) conclusão(ões) operam em um argumento, o que é uma outra razão para justificar a importância de identificar os argumentos durante a leitura dos textos.

Questões avaliativas

Ensaios desse tipo pedem que você faça mais do que apenas descrever os argumentos dos filósofos. Você precisa fazer uma avaliação crítica dos argumentos e das ideias que são propostas. Com efeito, questões desse tipo contêm em geral palavras como "discuta", "avalie ou "examine criticamente". Fundamentalmente, espera-se que você forme uma opinião – uma opinião que seja sustentada por argumentos do que outros autores disseram ou por aquilo que você consiga argumentar por conta própria. É preciso fazer mais do que simplesmente recapitular os argumentos – você precisa também mostrar os pontos fracos deles ou o motivo pelo qual foram criticados, e demonstrar como a análise que está fazendo contribui para o modo como você pensa a questão.

Questões comparativas

Nas questões comparativas, pede-se que você adote duas ou mais perspectivas e as considere comparativamente. Talvez lhe seja pedido para "comparar e contrastar" duas posições ou argumentar em favor de uma. Em qualquer caso, você deve demonstrar como os argumentos diferem ou se assemelham. Por isso é preciso demonstrar que você entende o que os autores disseram e é capaz de formular opiniões balizadas sobre o ponto de vista que seja mais defensável.

Preparando-se para escrever

Como revelamos, escolher o título de um ensaio quer dizer analisar cuidadosamente o que está sendo pedido que você discuta. Você tem uma boa formação básica acerca do tópico que deverá discutir? Qual é base de conhecimento e de entendimento que tem para construir seu raciocínio? Se as respostas para essas perguntas foram "não" e "quase nenhuma", você não precisa necessariamente desistir da questão, mas será obviamente necessário trabalhar muito mais para responder a ela do que se escolhesse outro tópico com que já estivesse mais familiarizado.

Preparar-se para escrever um ensaio envolve certa quantidade de atividades filosóficas que já discutimos aqui, como a de selecionar as fontes, lê-las e interagir com elas, tomando notas, bem como ser capaz de usar o que aprendeu e as opiniões que formou, nas aulas, nos seminários e nos grupos de discussão. A quantidade de trabalho que precisará realizar no momento em que for começar a escrever seu ensaio dependerá da questão que escolher e da "bagagem" que você tiver sobre o tema. É provável que, mesmo que suas leituras estejam em dia, quando for preparar seu ensaio você queira ampliar seu conhecimento um pouco mais, usando as habilidades e técnicas filosóficas que desenvolveu.

Ao tomar parte em todas essas atividades, você esteve "fazendo filosofia". Embora começar a escrever ensaios possa parecer algo inicialmente muito difícil, trata-se apenas do primeiro passo para se tornar um bom aluno de filosofia. As habilidades do pensamento crítico e a análise de argumentos que você praticar na leitura, nas anotações que fizer e nas discussões, serão de muita utilidade quando o assunto for escrever – trata-se agora de demonstrá-las nos seus trabalhos escritos.

COMO ESCREVER

O que é escrever filosoficamente?

Em seu nível mais básico, escrever filosoficamente quer dizer colocar suas ideias e seus argumentos no papel com o uso de suas próprias palavras. Escrever filosoficamente – usar a palavra escrita para expressar ideias claras e com lógica, demonstrando novos conceitos e as relações entre eles de maneira criativa e precisa – é fundamental na atividade do filósofo. Ler as ideias dos outros e entendê-las é apenas uma parte do processo de fazer filosofia. A fim de envolver-se tão completamente quanto possível, é necessário demonstrar seu entendimento sobre o que os outros disseram e levar os argumentos adiante.

É claro que isso pode ser feito oralmente – em seminários, em casa, conversando com amigos em um debate –, mas para fixar melhor o que você pensa é preciso escrever. Isso não apenas quer dizer que os seus argumentos e pontos de vista permaneçam sempre disponíveis aos outros, mas também a oportunidade de esclarecer e revisar seu próprio ponto de vista e afiar suas habilidades críticas por meio do exame de seus próprios argumentos. Ao escrever, você realmente começa a fazer filosofia.

Certificar-se de que você entende a questão e abordá-la diretamente é fundamental para escrever bem em um curso de filosofia. Isso pode parecer óbvio, e de fato trata-se de um conselho comum no meio escolar e universitário, mas é especialmente importante na escrita filosófica, em que as nuanças de linguagem são sobremaneira relevantes. Quando você analisa ideias complexas pela primeira vez, pode ser tentador escrever tudo o que aprendeu. Essa estratégia funcionaria se a questão fosse algo como "escreva tudo o que você sabe sobre...", mas esse tipo de ensaio nunca ocorre, portanto nem tente começar a escrever sem ter um entendimento claro do que você precisa fazer. Os ensaios são uma oportunidade de mostrar o seu envolvimento e o entendimento de argumentos e de ideias. Escrever um ensaio não é repetir ou parafrasear notas de aula ou sobre livros que leu, algo que pode ser considerado plágio – como discutiremos a seguir – e também não serve para a expressão de opiniões não-fundamentadas.

Já que a filosofia trata de envolvimento com o que se estuda, é útil ter uma posição própria. Todos os ensaios filosóficos terão um padrão similar no fato, já notado, de que criar um argumento válido e sólido em um ensaio é algo que segue o mesmo padrão buscado nas suas leituras. Você precisa demonstrar quais são as premissas, como elas são fundamentadas e como se articulam para dar coerência a seu ponto de vista. O modo como fazer isso ficará mais claro à medida que explorarmos o processo de escrita de ensaios.

Estruturando o processo de escrita de ensaios

Começar a escrever um ensaio pode ser difícil. Pode parecer que você tem uma tarefa pesada pela frente, mas, se abordar o processo de escrita de um ensaio de maneira estruturada, será mais fácil. Tente se fazer as seguintes perguntas:

1. **Formato:** Quais são o formato exigido e o número de palavras?
2. **Análise da questão do ensaio:** Qual é o título do ensaio ou a questão que você escolheu? Que *tipo* de questão é?
3. **Conhecimento básico e preparação:** O que você precisa fazer para abordar a questão ou o ponto do título? É preciso ter lido um determinado texto ou ter feito anotações sobre um determinado tópico?
4. **Gerenciamento do tempo:** Como você vai distribuir seu tempo?
5. **Critérios de avaliação:** Em que seu professor prestará atenção ao avaliar seu trabalho?

O modo pelo qual você vai estruturar o processo variará de situação para situação – em especial, provavelmente não será possível aplicar muitos detalhes ao planejamento e à execução de seus ensaios se os estiver escrevendo durante um exame. Contudo, mesmo em um exame, os princípios básicos do modo correto de escrever ensaios serão verdadeiros.

Consideremos um exemplo de nossa lista anterior para ver como podemos aplicar esse procedimento:

Matar outro indivíduo pode ser algo justificável? Discuta essa questão com base no utilitarismo.

Formato

Há um limite de palavras a ser respeitado: de fato a ser visado. (Seu departamento poderá dar mais orientações específicas sobre se, e em que medida, é aceitável que você se desvie de qualquer limite de palavras recomendadas.) Também conhecemos o formato e sabemos que o professor espera que o ensaio seja processado no editor Word.

Análise da questão

Como vimos, essa questão é comum nos ensaios filosóficos, no sentido que ela lhe apresenta uma afirmação e pede que você responda a ela ou a comente. À primeira vista, a questão apresentada pode não parecer se encaixar em nenhum dos tipos específicos de ensaio que descrevemos, mas você pode ver que a segunda parte dela pede-lhe que use uma abordagem avaliativa, em especial no que diz respeito ao utilitarismo (conforme observamos, a maior parte das questões será uma combinação ou variação dos tipos básicos que apresentamos). Você precisa chegar ao fim do ensaio com uma resposta para a pergunta que foi feita. Uma discussão aberta sobre o utilitarismo não será adequada. Por isso, você precisa adotar um ponto de vista e argumentar em seu favor, demonstrando que entende as várias nuanças do argumento.

Conhecimento de fundo e preparação

Obviamente você precisa ter feito a leitura sobre utilitarismo e sobre as diferentes formas que ele pode tomar em termos éticos, bem como ter lido todos os materiais distribuídos sobre o assunto. Vimos onde é possível buscar tais materiais, na lista de leitura do curso, e sabemos como encontrar nelas os textos certos.

Você também precisa ter entendido as ideias filosóficas suscitadas pela questão de um ser humano tirar a vida de outro. Você precisa pensar sobre os diferentes contextos nos quais tal ato pode ocorrer. Há uma questão a ser definida porque assassinar alguém é algo ilegal, em outras circunstâncias matar pode ser justificado. Mas não é bom envolver-se demais com esse pormenor, pois você não estaria respondendo à questão diretamente. Você tem de certificar-se de que esteja abordando questões filosóficas e não legais. Para um filósofo, há questões morais, questões sobre intenções e debates sobre o que um ser humano é.

Gerenciamento do tempo

Quanto tempo será preciso para escrever um ensaio de 1.500 palavras? Isso depende muito de sua própria experiência em escrever. Seu departamento ou professor poderá aconselhá-lo sobre o assunto. Você precisa considerar o tempo de preparação e quanto tempo precisaria para escrever a quantidade de texto pedida a partir do zero. Não se esqueça de considerar o tempo necessário para reler e reescrever, além de verificar se referenciou corretamente todos os livros e artigos que usou.

Também vale lembrar que as ideias filosóficas, como os conceitos intelectuais de qualquer tipo, precisam de tempo para se desenvolverem integralmente. Se você conseguiu realizar todas as leituras em tempo, deve agora estar em plenas condições de fazer o que é necessário ao escrever, tendo a oportunidade de explorar uma ideia mais profundamente. Pode ser bom deixar bastante tempo livre para escrever um ensaio, deixá-lo "descansar" por um tempo e voltar a ele – você provavelmente descobrirá que terá novas ideias a acrescentar. Além disso, será mais capaz de encontrar erros e pontos fracos se estiver a uma certa distância do que escreveu. É claro que isso tudo implica começar a escrever o ensaio bem antes da data de entrega.

Critérios de avaliação

O seu departamento deve lhe oferecer informações sobre os critérios de avaliação que seu professor usará para avaliar seu ensaio. Na lista de trabalhos apresentada anteriormente, está dito que tais critérios estão em geral no manual do curso – por isso certifique-se de que você tenha uma cópia ou outra documentação em que os critérios apareçam, e leia-os com cuidado antes de fazer seus trabalhos, para que os ensaios estejam de acordo com os critérios pelos quais serão avaliados.

O exemplo a seguir apresenta critérios de avaliação utilizados em uma instituição britânica, para ensaios de alunos de filosofia de graduação.[1] O exemplo estabelece as exigências básicas as quais seu ensaio deve obedecer:

Nível 1 – Critérios para avaliação de ensaios
O texto a seguir faz a relação entre os critérios qualitativos e a classificação em que se encaixa o seu ensaio. As notas que ficarem dentro de uma determinada classificação são frequentemente determinadas por características específicas do ensaio, que seriam de difícil caracterização e talvez de pouca valia se caracterizadas em termos gerais.

Classificação I (70+): O ensaio atende pelo menos a uma das seguintes descrições: (i) exposição impecável, claramente estruturada em torno da tese central; (ii) ensaio que demonstra uma compreensão profunda, havendo sinais claros de envolvimento criativo com as questões abordadas.

Classificação II.i (60-69): Exposição clara, que demonstra boa compreensão do assunto, e estruturada em torno de uma tese central. Defeitos na exposição podem em alguma medida ser compensados pela evidência de pensamento independente.

Classificação II.ii (50-59): Exposição, pelo menos razoavelmente clara, demonstrando um nível aceitável de compreensão para o nível.

Classificação III (40-49): O ensaio exibe um nível básico de compreensão, mas não atinge o nível II.ii porque carece de um ou mais dos seguintes elementos: (a) clareza de exposição; (b) estrutura; (c) compreensão do assunto.

Reprovação (39 ou menos): Na melhor das hipóteses, demonstra algum sinal de familiaridade com o assunto, e nada mais.

Quando você estiver no começo do processo de escrita de um ensaio, é útil ter em mente que, se seu objetivo for obter nota máxima, deverá demonstrar clareza e precisão em sua exposição da tese central, além de ter pensamento independente e envolvimento criativo com o assunto. Se você achar difícil compreender claramente o padrão exigido, é bom perguntar a seu professor se há ensaios de alunos de semestres anteriores disponíveis para consulta. Assim você terá um quadro mais realista em que se basear, podendo, então, distinguir um bom de um mau ensaio.

Os critérios de avaliação não são inteiramente idiossincráticos – um ótimo ensaio será em geral um ótimo ensaio, independentemente da universidade ou do curso (no Reino Unido, por exemplo, há um sistema de revisão externa pelo qual as notas atribuídas por seu departamento são examinadas por acadêmicos de outra universidade). Contudo, aquilo que um ensaio classificado com o mais alto grau deve conter dependerá em alguma medida do contexto e das metas do curso. Seu professor deve ser capaz de oferecer maiores detalhes sobre a avaliação. Vale a pena pedir orientação, pois é sempre bom termos uma ideia clara do que se exige de nós, e os critérios específicos podem variar de curso para curso.

Planejando seu ensaio

Você agora identificou o tipo de questão de ensaio e começou a formar uma ideia do tipo de conclusão e dos argumentos de que precisa criar; você também planejou o calendário para realizar o trabalho em tempo hábil. Talvez você precise fazer leituras extras para verificar que dispõe de todas as fontes relevantes. Agora, pode começar a elaborar seu ensaio.

Estrutura do ensaio

Voltemo-nos agora à estrutura do ensaio. Retornaremos a nosso primeiro exemplo para observar como as partes diferentes de um ensaio devem funcionar. Há outras exigências, mas os componentes centrais são:

- Uma introdução, que indica o fundamento do que será argumentado.
- O corpo do ensaio, que apresenta os principais argumentos.
- Uma conclusão, que resume o argumento, recapitula a posição defendida e aponta para considerações futuras que estejam além do alcance do ensaio.

O número de palavras de cada uma dessas seções do ensaio pode ser indicado pelo professor ou por guias gerais de estilo, mas, via de regra, a introdução e a conclusão não devem exceder, cada uma, 10% do total. No exemplo que estivemos analisando, em que o ensaio tem 1.500 palavras, a introdução não teria mais do que 150 palavras. Tendo-se em mente que os ensaios de nível de graduação podem até ser menores, por exemplo, conter apenas 1.000 palavras, a introdução e a conclusão terão de ser ainda mais enxutas, de maneira que haja espaço suficiente para que você expresse seus argumentos claramente. Em geral, 50 palavras são suficientes para uma introdução que, de maneira adequada e sucinta, apresenta o que você estará defendendo no corpo do ensaio.

É sempre uma boa ideia preparar um esboço para os trabalhos de filosofia, porque isso o ajudará a esclarecer a estrutura de seu argumento – e, como enfatizamos ao longo deste livro, esse é um componente crucial para que façamos boa filosofia. As pessoas são diferentes, contudo, no que diz respeito ao tempo de antecedência com que devem começar seus ensaios. Veja outros exemplos neste capítulo e experimente abordagens diferentes, a fim de descobrir o que é melhor para você.

A introdução

A introdução deve armar o palco de maneira clara e concisa. Tente evitar afirmar o que já está afirmado no título; porém é perfeitamente aceitável falar sobre o que você vai defender em seus argumentos. Exemplo: "Neste ensaio, argumento que matar outro ser humano é algo às vezes justificável". Você também precisa falar um pouco sobre o contexto da discussão e algo sobre a história de tal conceito, se isso for adequado.

Você também pode dar indicativos ao leitor quanto à espécie de argumentos ou sobre as evidências que usará, por exemplo: "Farei uso da obra de J. S. Mill e considerarei se alguém que pudesse viajar no tempo estaria autorizado a matar Hitler quando este fosse ainda um bebê".

Pelo fato de precisar delinear o que defenderá em seu ensaio, é útil deixar para escrever a introdução ao final do trabalho, pois em geral é só depois de o ensaio estar pronto que você terá uma ideia clara sobre o que dizer na introdução.

A seção principal

Suponhamos que você decida defender o ponto de vista segundo o qual matar alguém às vezes é justificável. Você escreve isso, o que responde à pergunta mas não a completa e nem constitui resposta filosófica. Você precisa fazer uso dos textos e dos materiais de que dispõe e, muito importante, precisa construir um argumento. Quais são, então, as premissas que sustentam sua posição?

O utilitarismo, em sua forma mais simples, diz que devemos ampliar ao máximo a felicidade do maior número possível de pessoas. Por isso você precisa de uma premissa que inclua esse princípio. Você também precisa dizer algo sobre tirar a vida de alguém deliberadamente. É possível começar com um argumento bastante simples:

Devemos ampliar ao máximo a felicidade do maior número possível de pessoas.
Às vezes, a maior felicidade de todos se consegue por meio da morte de um indivíduo.
Portanto, tirar a vida de alguém é, às vezes, justificável.

Analisemos esse argumento. A conclusão dá seguimento aos argumentos? A conclusão parece de fato plausível à luz dessas premissas? Precisa de mais sustentação? Você está usando premissas ocultas? É possível encontrar um modo de justificar as próprias premissas? Elas podem servir como conclusão para outros argumentos? Ao fazer isso, você estará construindo o caso da conclusão que quer defender – está criando seu próprio argumento. Como veremos mais detalhadamente a seguir, esse processo de construção de argumentos aparece sob diferentes formas e tem aplicações diferentes, mas é o processo fundamental para o planejamento da escrita de seu ensaio.

Pense sobre mais um passo a dar na construção do argumento deste ensaio.

A conclusão

A conclusão deve encerrar seu ensaio, resumindo o que foi dito, sem repetições, e sugerindo maneiras pelas quais o argumento poderá avançar no futuro. Ela não deve declarar nada de novo. O corpo do ensaio deve trazer toda a estrutura lógica do argumento apresentado. Em algumas tradições literárias e em outras culturas, a conclusão do ensaio (mais do que o argumento) é o ponto em que se revela o *dénouement* da narrativa. No geral, isso é uma prática condenável na filosofia. Se a conclusão do ensaio contiver material de que já não se tivesse tomado conhecimento, é porque há problema em sua estrutura. Não se deve, na conclusão, apresentar ao leitor uma opinião que ele já não tenha percebido no restante do ensaio.

Assim como acontece com a introdução, você não poderá saber o que estará na conclusão antes de terminar de escrever a parte principal do ensaio. É bom termos a mente aberta, pois a análise e o desenvolvimento detalhado do argumento podem apresentar novas possibilidades ou linhas de investigação para você examinar no futuro.

Como evitar o plágio

Antes de escrever seus ensaios, a questão do plágio deve ser abordada. Plagiar é fazer o trabalho de outra pessoa passar por seu, sendo uma atitude extremamente condenável em todas as universidades. Contudo, cada universidade tem sua própria definição, que você precisa entender e pela qual deve guiar-se.

A própria ideia de aconselhamento sobre o porquê de evitar o plágio pode lhe parecer estranha. Já que você não precisa de aconselhamento semelhante sobre não roubar a propriedade de alguém, por que precisaria receber conselhos sobre não roubar o trabalho intelectual de alguém? Mas na realidade você pode roubar por engano. Por exemplo, se você for o tesoureiro de uma sociedade estudantil, talvez tenha tido alguma atitude desastrada, como, por exemplo, usar inadvertidamente o dinheiro da sociedade como se fosse seu. Sem saber, terá cometido o crime de apropriação indébita, e poderia ser preso por isso. Ninguém jamais foi preso por plágio, mas algumas pessoas perderam seu diploma por causa dele, o que acarretou consequências terríveis para suas carreiras. Como no exemplo da apropriação indébita, muitos alunos que foram punidos por plágio não plagiaram intencionalmente, mas fizeram anotações e referências inadequadas, em que confundiam as palavras dos outros com as suas próprias.

O que os seus professores buscam

Quando os seus professores avaliam o que você faz, eles precisam fazer dois tipos de juízo:

a) o que este trabalho vale em si mesmo;
b) em que medida se trata de uma reflexão do conhecimento e das habilidades do aluno que o apresentou.

Se houver dúvidas sobre o segundo juízo, estas serão suficientes para negar o primeiro, invalidando o trabalho. Um ensaio brilhante não valerá nada se não for de *sua* autoria. Os professores têm de exercer o duplo papel de ajudar você a aprender, mas também de avaliar se você aprendeu bem. Isso inevitavelmente implicará certa quantidade de policiamento sobre o seu desempenho, já que prejudicaria a reputação do departamento e da universidade dar uma nota alta a um trabalho que mais tarde se descobre ser um plágio.

Você pode pensar que sua universidade é excessivamente obsessiva em relação a essa questão, por criar regulamentos detalhados e procedimentos, por ameaçá-lo com punições, por passar seu trabalho em um programa que detecta fraudes e por exigir que você assine uma declaração de integridade acadêmica toda vez que entregar um trabalho. Mas isso é necessário para que sua instituição proteja-se contra quaisquer acusações de não estar combatendo o plágio com seriedade – e, assim, solapando o valor dela própria e de *suas* avaliações – e de que as punições sejam injustas. Contudo, há pelo menos dois efeitos colaterais. Um deles é o de que o plágio tende a ser visto exclusivamente como um crime deliberadamente cometido pelos alunos, quando na verdade pode ser algo não-intencional. A outra é que pode criar a ilusão de que o plágio é um bem ilícito, mas desejável, que os alunos só evitarão se forem punidos severamente. Na verdade, não se trata em absoluto de um bem, porque você faz um curso para aprender a tornar-se um filósofo; se você simplesmente copiar o trabalho dos outros não chegará a esse objetivo.

Como estudante universitário de filosofia, não se espera que você escreva como um filósofo, tal como o austríaco Ludwig Wittgenstein – século XX –, produzindo um amplo argumento sem referência a outros autores. Afinal de contas, você recebeu uma lista de leitura, e se espera que você dê provas de que leu os textos nela indicados. Por outro lado, se você escrever ensaios que simplesmente resumam sua leitura, obterá notas baixas e talvez não passe, já que não terá dado prova de sua capacidade de pensar e de argumentar filosoficamente por conta própria. A chave para escrever filosofia é deixar absolutamente claro o que você retirou de outros autores, de maneira que tudo o mais que você afirmar fique implicitamente sendo seu.

O propósito desta seção é aconselhá-lo sobre como escrever de maneira que seus professores tenham confiança de que o que está escrito é realmente seu.

Referenciar

Não daremos neste momento conselhos detalhados sobre como fazer referências, pois há vários sistemas para tanto e departamentos diferentes usam sistemas distintos. Na verdade, se você estiver estudando uma disciplina que não pertença ao departamento de filosofia, perceberá que o outro departamento possui um sistema diferente para fazer suas referências. O ponto importante é ressaltar se um determinado estilo é exigido no manual do aluno, e se o for, segui-lo à risca.

Se nenhum estilo for recomendado, então a regra é dar ao leitor informações suficientes para que possa verificar se o autor citado de fato escreveu o que você atribui a ele. No mínimo, o leitor precisa saber que edição da obra citada você usou e em que página a citação está (ou a seção ou parágrafo, se a obra for numerada diferentemente). Por isso é preciso citar o autor, o nome da obra, o tradutor (quando for o caso), o organizador da obra (se houver), a editora, o lugar da publicação, o ano da publicação e o número da página em que está a citação ou ideia utilizada, conforme exemplo a seguir:

Kant, I. (1993), *Groundwork for the Metaphysics of Morals*, trans. and ed. M. Gregor. Cambridge and New York: Cambridge University Press, p. 29.

Usando os recursos de ensino

Uma área obscura é a questão de como você deve tratar as informações dadas pelos professores – nos cursos, nos textos de sala de aula, nas suas anotações sobre o que eles disseram, e assim sucessivamente. Alguns professores preferem que você trate as palavras que eles proferiram exatamente da forma que você faz com as fontes secundárias, porque visam principalmente saber o quanto você está pensando por conta própria e não simplesmente repetindo o que eles disseram. Outros professores são menos rígidos quanto a isso. É necessário desenvolver uma intuição sobre como cada professor é, a partir dos comentários que fazem durante as aulas. Nosso conselho mais geral é o de que, se estiver em dúvida, sempre faça uso preferencial do pensamento independente.

Como demonstrar que você pensa de maneira independente

Essa questão leva-nos a uma preocupação semelhante que alguns alunos têm, e que é resultado direto da ênfase institucional no policiamento do plágio. O aluno em geral pensa o seguinte: "Sou apenas um aluno de graduação, e se o que penso tem algum valor já deve ter sido pensado por algum filósofo. Não sei o que foi publicado sobre o que penso, porque a lista de leitura que recebi cobre apenas uma pequena parte da literatura existente. Por isso, acho que o que estou pensando já deve ter sido publicado por alguém e, se eu expressar o que estou pensando no ensaio que estou escrevendo, sem referenciar uma obra já publicada sobre o tema de que estou falando, serei acusado de plágio. Portanto, vou adotar uma postura mais segura e restringir-me ao que constatei nas obras da lista que efetivamente li, as quais posso referenciar".

É irônico que o esforço das universidades para garantir que os trabalhos dos alunos sejam inteiramente originais tenham o efeito de desestimular alguns alunos, fazendo com que não pensem por si mesmos. Por isso, precisamos demonstrar o que está errado com o raciocínio desse aluno.

A questão é que, na graduação, não se espera que você pense de maneira original no sentido de que ninguém já tenha pensado o que você está dizendo. Pode ser possível que seu pensamento seja inteiramente original, mas isso é mais a exceção do que a regra. Você precisa distinguir entre originalidade e pensamento independente – e o que se busca na graduação é o pensamento independente. Para dar um exemplo: suponha que você estivesse estudando Matemática, e não filosofia. Seu professor poderia passar-lhe a tarefa de provar o teorema de Pitágoras, dando-lhe algumas dicas para tornar a tarefa mais fácil. Se você chegar à prova que foi pedida, seu trabalho não será original, porque Pitágoras já havia chegado lá antes, mas ainda assim seu trabalho será produto de pensamento independente. Por outro lado, se seu trabalho for apenas o de consultar um livro, analisar o teorema e copiar sua prova, a única habilidade que você terá demonstrado será a de saber copiar, e não de pensar.

Este exemplo é relevante sob outra perspectiva também. Quando você tem de resolver um problema de Matemática, o que faz não é simplesmente dar a resposta de maneira imediata, mas escrever os passos pelos quais chegou a ela. É possível até que sua resposta não esteja certa por causa de um erro de cálculo, mas obterá uma boa nota se tiver utilizado o método certo para chegar a ela. O mesmo vale para a filosofia. Não se trata apenas de apresentar uma ideia, porque a ideia pode ter vindo de qualquer lugar e o examinado não tem como saber se foi ou não produto de seu pensamento. Trata-se de demonstrar como você chegou à ideia. Talvez isso não seja uma prova *irrefutável* de que você tenha feito todo o procedimento sozinho, mas é uma maneira essencial de indicar que seu trabalho é *seu*.

Usando citações e paráfrases

A questão é um pouco confusa no que diz respeito ao fato de parafrasear ou traduzir um texto para as suas próprias palavras. É essencial perceber que não faz diferença usar as palavras do autor ou parafraseá-las – é como se você estivesse traduzindo algo de uma língua estrangeira. Se você o fizer sem dar crédito, teremos plágio; e mesmo que você indique a fonte, seu trabalho será inteiramente derivativo. Na verdade, não há por que parafrasear, exceto para demonstrar que você entende um texto difícil. É melhor resumir o ponto de vista de alguém, especialmente se o estilo for verborrágico – mas não se esqueça de dar a referência, como faria caso estivesse citando diretamente.

Colaboração e fraude

Até agora nos ativemos ao uso de material já publicado e textos distribuídos durante as aulas. Outra fonte de informação e de ideias são os seus colegas. Os departamentos variam no que diz respeito ao trabalho individual ou em grupos. Alguns departamentos consideram importante que seu trabalho escrito seja individual, tanto que não incentivam que eles vejam o que você escreve e, se um colega copiar o que você escreveu, você será tão culpado quanto ele. Outros departamentos consideram que você pode aprender tanto com seus colegas quanto aprende com os professores, e que sua aprendizagem melhorará muito se for estimulado e ajudado a trabalhar em grupo de maneira informal. Mas há uma diferença entre colaboração e fraude. Trabalhar cooperativamente é bom, e os alunos ajudam-se mutuamente a aprender, passando depois a trabalhar individualmente no momento em que escrevem seus trabalhos. Fraudar é algo ruim e, por meio dessa atitude, os alunos fingem ter feito seus trabalhos, que são, na verdade, cópias. Trata-se de plágio, pois entregar ao professor um trabalho de um colega como se fosse seu não é diferente de copiar o trabalho de um autor que já o tenha publicado. A melhor política é comportar-se como os acadêmicos já estabelecidos. Os professores discutem os trabalhos deles com colegas antes de publicá-los, e reconhecem a ajuda recebida. Se fizer o mesmo, terá créditos por sua conduta profissional e não perderá pontos se citar todas as suas fontes.

Usando suas fontes eficazmente

O modo de evitar o plágio é ser honesto quanto às fontes e ampliar ao máximo as oportunidades de pensar por conta própria. Se você não tiver pensado de maneira independente, sua honestidade demonstrará que seu ensaio é pouco mais do que uma revisão de notas e de passagens que retirou de fontes secundárias. Então como encontrar um ponto de equilíbrio entre usar o material de aula e as fontes secundárias, sem deixar de demonstrar pensamento independente? A resposta é escrever de modo que, em vez de usar o que os outros escreveram como um substituto para o seu próprio pensamento, as fontes sejam usadas como matéria-prima a partir da qual você exercitará seu pensamento.

Se você apenas citar um autor ou disser o que ele diz, estará ocupando espaço no papel sem dar ao leitor a oportunidade de impressionar-se com a *sua* capacidade filosófica. Por isso, a regra de ouro é não usar citações, a não ser quando estiver discutindo as palavras precisas do autor. Por exemplo, você pode argumentar sobre como uma passagem deve ser interpretada ou pode apresentar argumentos contra ou a favor dela. Mas se apenas citar de uma fonte secundária, estará tomando emprestadas as interpretações e críticas de outra pessoa. Seus professores, contudo, querem avaliar a *sua* capacidade de raciocínio. Por isso você precisa usar os textos como matéria de seus comentários. Você pode dar as razões por que concorda ou discorda do que foi dito ou pode identificar duas ou mais fontes secundárias que discordem entre si, dizendo qual das duas você prefere e por que. Assim o seu trabalho será sempre argumentativo, e ficará evidente para o leitor que o trabalho é inteiramente seu.

Analisemos um exemplo. Suponha que você tenha incluído o seguinte em seu ensaio sobre Leibniz:

> Leibniz definiu a verdade "necessária" como aquela que não poderia ser diferente do que é, já que seu contrário implicaria contradição. Por isso, é necessário que um triângulo tenha três lados, pois a ideia de uma figura de três lados que não tenha três lados é contraditória. Por verdade "contingente" Leibniz referia-se à que poderia ser diferente, no sentido de que seu contrário não seria contraditório, portanto logicamente possível.

Essa passagem seria plágio, já que se trata de uma cópia não referenciada de um parágrafo da página 59 do livro de G. MacDonald Ross intitulado *Leibniz* (Oxford: Oxford University Press, 1984). Suponha então que você acrescente a referência:

> Leibniz definiu a verdade "necessária" como aquela que não poderia ser diferente do que é, já que seu contrário implicaria contradição. Por isso, é necessário que um triângulo tenha três lados, pois a ideia de uma figura de três lados que não tenha três lados é contraditória. Por verdade "contingente", Leibniz referia-se à que poderia ser diferente, no sentido de que seu contrário não seria contraditório, portanto logicamente possível. (MacDonald Ross, 1984, p. 59).

Ainda não temos algo adequado, já que você ainda não especificou quais das palavras citadas são palavras de MacDonald Ross. Suponhamos que você tenha parafraseado o trecho.

> A definição de Leibniz sobre uma proposição "necessária" tratava de uma proposição que não podia ser falsa, porque sua negação implicaria uma impossibilidade lógica. Por isso, é necessário que um triângulo tenha três lados, pois o conceito de um triângulo que não tenha três lados é uma impossibilidade lógica. Por proposição "contingente", Leibniz referia-se a uma proposição que poderia ser falsa, já que a falsidade não implicaria uma contradição ou impossibilidade lógica.

Esse trecho ainda não está bom, pois uma paráfrase que não faz referência ao autor é considerada plágio. O que você precisa fazer é especificar precisamente quais são as palavras de MacDonald Ross, usando aspas ou recuo:

> De acordo com MacDonald Ross (1984, p. 59), "Leibniz definiu a verdade 'necessária' como aquela que não poderia ser diferente do que é, já que seu contrário implicaria contradição. Por isso, é necessário que um

triângulo tenha três lados, já que a ideia de uma figura de três lados que não tenha três lados é contraditória. Por verdade "contingente" Leibniz referia-se à que poderia ser diferente, no sentido de que seu contrário não seria contraditório, portanto logicamente possível".

Ainda se trata de uma derivação de MacDonald Ross, e não de uma passagem do texto original de Leibniz em que ele define o que seja uma verdade necessária. Mas você pode ampliar a discussão por meio de uma crítica à interpretação de MacDonald Ross – por exemplo, contrastando-a com uma passagem de algum comentador que acredite que Leibniz tenha definido a necessidade como verdade em todos os mundos possíveis.

Escrevendo seu ensaio

Estilo

Observe o seguinte sobre o estilo na filosofia:

- Os filósofos usam a primeira pessoa do singular ("eu", "mim", "meu", etc.) muito mais do que as outras disciplinas, em que tal fato é tido como estranho. Não tenha medo de usá-la.
- Os filósofos usam mais verbos na voz ativa do que as outras disciplinas, em que a forma passiva é preferida. Por exemplo, use "eu acredito" em vez de "acredita-se que". Não há problema em escrever na primeira pessoa, o que lhe dá uma frase mais direta e concisa.
- Em alguns escritos filosóficos, você encontrará menos citações diretas do que em outras disciplinas ou áreas da filosofia. Isso acontece porque os argumentos podem ser resumidos em vez de citados. Contudo, já observamos que as considerações literárias são também um fator importante na filosofia europeia, na qual os textos e as citações são mais preponderantes. Preste atenção ao que você estiver lendo para determinar qual é a prática mais aceita em seu curso.

Se você estiver estudando lógica ou se houver um componente lógico no que você estiver estudando, o uso de símbolos poderá ser bastante útil. Tome cuidado para garantir que o uso da lógica é adequado e que contribui para a clareza. Não há motivo para dedicar seu tempo a isso se seu trabalho ficar melhor. Por outro lado, pode às vezes ser necessário um longo processo até que sua linha central de pensamento fique cristalina para o leitor.

Escrever de maneira clara é muito importante, porque é preciso que seu professor entenda seus argumentos e o modo como eles se encaixam para formar uma conclusão. Não use palavras difíceis ou confusas, ou frases longas para dar a impressão de que escreve como um filósofo profissional. Embora alguns textos clássicos de filosofia sejam de difícil compreensão e contenham uma sintaxe bastante complicada, lembre-se de que eles são clássicos *apesar de* não serem claros, e não por causa disso. Ler o seu texto em voz alta é algo que pode ajudar a identificar passagens obscuras, permitindo que você as reescreva.

Também vale a pena notar que, pelo fato de os filósofos serem bastante meticulosos quanto ao modo como se usa a linguagem, é bom ter bastante cuidado com a gramática e com a ortografia. Existem muitos guias para a elaboração de ensaios que abordam problemas relativos à ortografia, gramática e estilo. Para mais sugestões, ver o Capítulo 6.

Conteúdo

Para começar, é importante deixar claro que você entende o significado dos termos-chave e esclarecer quaisquer ambiguidades sobre como você os usará ao longo do ensaio. É comum que um filósofo diga já no início de seu texto que "devemos definir nossos termos", ponto bastante importante. Se você estudar a filosofia da linguagem, tomará conhecimento de diferentes ideias sobre significado e referência, e os filósofos frequentemente questionam o que as pessoas querem dizer quando usam um determinado termo, ou o modo como sabemos que estamos fazendo referência à mesma coisa que outra pessoa por meio do uso da mesma palavra.

Dito isso, pode ser tentador começar um ensaio com uma definição de dicionário para o termo-chave em questão. Contudo, deve-se ter cuidado para não começar todo ensaio com a frase "O dicionário define o termo como...". Em vez de demonstrar o seu entendimento das questões abordadas e o seu envolvimento crítico com elas, isso simplesmente demonstra que você sabe como usar um dicionário. Buscar a clareza e uma compreensão comum a todos do significado de determinados termos é bastante diferente de abrir o dicionário toda vez que tiver de começar um ensaio.

Se você tiver planejado seu trabalho com cuidado, a parte central do ensaio envolverá o preenchimento daquele esqueleto argumentativo a que nos referimos antes. O trabalho de demonstrar sua habilidade filosófica está aqui. Isso será demonstrado mais profundamente mais adiante neste capítulo, quando dermos exemplos de como escrever ensaios. As ferramentas filosóficas para a construção e análise de argumentos não diferem daquelas que já exploramos.

Estabelecer o que tem ou não "profundidade suficiente" de análise talvez seja um dos principais desafios que enfrentamos ao escrever filosofia. Em regra, busque explicar as ideias de maneira suficientemente detalhada, de modo que sejam compreensíveis para alguém que não tenha conhecimento algum do tema. Isso ficará mais fácil de fazer à medida que você adquirir mais prática.

Sempre é bom ser seletivo naquilo que será discutido, centrando-se em questões relevantes. O trabalho deve ser projetado de modo que você possa abordar o tópico de maneira adequada, de acordo com o limite de palavras e o tempo disponível. Se o limite de palavras impedir que você discuta questões adicionais, é possível ao menos indicá-las. Esse procedimento demonstra que você está ciente de que o tema é mais profundo, mas que teve de escolher pontos mais e menos importantes a serem abordados no trabalho, conforme a questão principal do ensaio.

Uma vez delineado o argumento inicial que você considera formar a base da discussão sobre o assunto, poderá então abordar argumentos contrários, pensando então em outros modos de defender a tese inicial. Fazer o papel de advogado do diabo é fundamental para escrever um bom ensaio filosófico. A capacidade de defender um ponto de vista, dar razões para sua relevância e dizer por que tal ponto sustenta o argumento e, depois, analisar contra-argumentos configuram atitudes muito importantes. Quando estiver escrevendo um ensaio, pense sobre o que alguém que tenha discordado diria, e apresente sua resposta a essa discordância. A boa argumentação filosófica é algo como uma longa disputa por um ponto em um jogo de tênis.

Depois do primeiro rascunho

Quando você tiver finalizado a escrita e a edição do seu primeiro rascunho, certifique-se de que não tenha ultrapassado o limite de palavras, e observe novamente os critérios de avaliação, verificando, assim, se fez o que lhe foi pedido. Tente colocar-se na pele de seu professor e pense se seu trabalho demonstrou ou não sua compreensão do assunto e envolvimento crítico e, muito importante, se você respondeu ou não à pergunta central. Como foi observado anteriormente, escrever tudo o que você sabe sobre o assunto não é o que o seu professor quer que você faça. O que o professor deseja é ver se você entende os conceitos fundamentais suscitados por um determinado assunto e aquilo que você pensa sobre eles, fundamentando-se nas *razões* que sustentam sua opinião. Demonstrando essas características, seu ensaio receberá uma boa nota.

À medida que você escrever o ensaio, certifique-se de que esteja usando as habilidades relativas ao pensamento crítico rigoroso que você esteve praticando na leitura de textos filosóficos. Se algo não ficar claro na releitura, não ficará também para seu professor. Se você encontrar uma passagem de difícil compreensão ou argumento confuso, tente explicá-lo a outra pessoa, a um colega ou a um amigo, antes de entregar seu trabalho ao professor. Explicar um conceito a um leigo de modo que ele possa entender é um bom indicador de que você está entendendo o tema de maneira satisfatória. Ao explicar algo a alguém, você também adquire uma compreensão mais firme do assunto.

EXEMPLOS DE QUESTÕES DE ENSAIO

Observemos agora algumas questões típicas de ensaio, aplicando a elas alguns dos principais métodos que já abordamos, a fim de dar-lhe algumas ideias sobre como lidar com elas eficazmente.

Os exemplos a seguir demonstram várias abordagens acerca da tarefa de escrever um ensaio. Nenhuma delas é certa ou errada, e os exemplos dados aqui não pretendem demonstrar respostas que sirvam de modelo, mas ilustrar algumas estratégias para que você possa começar a abordar uma questão e construir seu próprio texto filosófico.

Por causa disso, não apresentaremos aqui ensaios já classificados conforme as regras de uma universidade britânica (ver exemplo anterior) – como já vimos, os critérios para avaliação de seu trabalho serão determinados pelo departamento em que você estiver (ou até mesmo pela disciplina que estiver cursando).

Os exemplos trazem questões de fato feitas em cursos de graduação. Por causa disso, elas abordam temas filosóficos com os quais você pode ou não estar familiarizado. Tentamos explicar o conteúdo em profundidade suficiente para que você entenda os exemplos. Nosso enfoque, contudo, está nos métodos da escrita filosófica, e não no conhecimento da área ou do assunto filosófico que está em discussão. O objetivo é explorar como os métodos utilizados para abrir e discutir os exemplos apresentados podem ser aplicados a qualquer questão.

Ensaio A

> Avalie criticamente a tese de que a eutanásia é moralmente errada.

Que tipo de questão é essa?

A questão é **avaliativa**, pois está pedindo que consideremos uma determinada afirmação, a de que a eutanásia é moralmente errada, e que façamos uma avaliação crítica dos argumentos favoráveis e contrários a essa posição. Expressar sua própria opinião ao fazer sua avaliação é bastante importante, mas lembre-se de fundamentar seu pensamento com *razões*.

Conhecimento de fundo

A lista de leitura para uma disciplina que trate da eutanásia poderia incluir os seguintes textos:

- Peter Singer (1979), *Practical Ethics*. Cambridge: Cambridge University Press.
- Helga Kuhse (1991), "Euthanasia", in Peter Singer (ed.) (1991), *A Companion to Ethics*. Oxford: Blackwell Publishers.
- Philippa Foot (1994), "Killing and Letting Die", in B. Steinbock and A. Norcross (1994), *Killing and Letting Die*. New York: Fordham University Press.
- James Rachels (1986), "Active and Passive Euthanasia", in Peter Singer (ed.) (1986), *Applied Ethics*. Oxford: Blackwell Publishers.
- Brad Hooker (1997), "Rule Utilitarianism and Euthanasia", in Hugh LaFollette (ed.) (1997), *Ethics in Practice*. Oxford: Blackwell Publishing.
- Tom Beauchamp (1997), "Justifying Physician-Assisted Death", in Hugh LaFollette (ed.) (1997), *Ethics in Practice*. Oxford: Blackwell Publishing.

De acordo com nossa discussão sobre as listas de leitura no Capítulo 2, podemos já ver que quase todos os itens são artigos ou capítulos de livros ou de coletâneas. Isso torna as coisas um pouco mais fáceis: em vez de você ter de ler um livro inteiro para encontrar as partes relevantes, seu professor já fez o trabalho e apontou os textos mais relevantes. Melhor ainda: o único livro listado, *Practical Ethics*, traz um capítulo intitulado *Taking Life: Euthanasia*.

Assim, temos todas as informações de que precisamos para começar a planejar e a escrever nosso ensaio.

Planejando seu ensaio

Partindo do princípio de que você já leu alguma coisa sobre o assunto, isto é, que a eutanásia já foi abordada como parte de uma disciplina, terá ciência das ideias abordadas. Por exemplo, se tiver lido o Capítulo 7 do livro de Peter Singer, saberá que há tipos diferentes de eutanásia: voluntária, involuntária e não-voluntária. Há distinção também entre eutanásia ativa e passiva – entre matar e deixar morrer. Você já terá discutido vários cenários e exemplos com seu professor e seus colegas, examinado as justificações dadas para determinados cursos de ação ou inação, bem como os argumentos contra a eutanásia, tais como o "argumento da ladeira escorregadia".

Mesmo que você não tenha lido nenhum dos textos indicados, uma leitura rápida de um texto clássico como o de Singer ou de uma enciclopédia de filosofia deverá lhe dar informações suficientes para começar a pensar sobre como responder à questão.

Mil e quinhentas palavras não é um número muito alto para um assunto amplo como a eutanásia. Isso quer dizer que além de ser conciso você terá de decidir quais partes do assunto receberão maior atenção. É inevitável que algo fique de fora quando se dispõe de poucas palavras para falar de um assunto amplo, mas desde que você justifique suas escolhas para inclusão e exclusão é perfeitamente legítimo concentrar-se mais profundamente em um determinado ponto, o que é preferível a uma discussão ampla, mas rasa, sobre o assunto. Talvez você decida concentrar-se na distinção entre eutanásia passiva e eutanásia ativa, por exemplo. Não há problema algum nessa escolha, mas certifique-se de que você explicará suas razões para escolher concentrar-se em uma área e não em outra, e reconheça que há questões relevantes que deixará de lado por causa do número baixo de palavras.

Depois de ler a literatura relevante e pensar sobre suas próprias perspectivas sobre o assunto, poderá começar a planejar seu ensaio. Suponhamos que você tenha escolhido concentrar-se na distinção entre eutanásia ativa e passiva, decidindo-se por argumentar que a eutanásia não é algo moralmente errado.

Aqui está um plano para um ensaio desse tipo:

Avalie criticamente a tese de que a eutanásia é moralmente errada.

Plano do ensaio
Introdução:
- Defina eutanásia
- O foco será a distinção eutanásia ativa/passiva (explique sua escolha)
- Argumentará que a eutanásia não é moralmente errada

Desenvolvimento:
- Observe os diferentes tipos de eutanásia
  - Passiva – não fazer nada para impedir a morte de uma pessoa, sabendo que ela morrerá
  - Ativa – agir intencionalmente para causar a morte de uma pessoa
- Questões legais – em poucas palavras: eutanásia passiva é permitida, ativa não é. Não focar esse ponto, porém.
- Argumentos detalhados sobre a doutrina da ação/omissão: a alegação de que há uma distinção moral importante entre realizar um ato que tem certas consequências e omitir-se – ver Singer, Practical Ethics

---

(continua)

(continuação)

- Exemplos: está ok deixar alguém morrer por meio do impedimento de um tratamento se o paciente estiver sofrendo de uma doença terminal e tiver muitas dores — algo geralmente aceito pelos médicos e no Direito
- Mas deixar morrer pode causar mais sofrimento do que aplicar uma injeção letal – ver o argumento de Rachels em relação aos bebês que tenham síndrome de Down, p. 30
- Ver o argumento de Rachel detalhadamente: a eutanásia ativa provoca as consequências que queremos (diminuição do sofrimento) de maneira mais humana do que a passiva. É moralmente errado assistir à morte lenta de alguém se você pode ajudá-lo. Ver a referência de Singer sobre a diferença entre humanos e animais – não deixaríamos um cavalo morrer lentamente e sofrendo com a dor. Argumentar que matar, em determinadas circunstâncias, não é pior do que deixar morrer – podem ser atitudes consideradas equivalentes em termos morais
- Ver o argumento de Foot contra os direitos positivos e negativos – matar é algo diferente de deixar morrer porque temos "o dever de impedir o sofrimento dos outros", p. 285 – cobrir o assunto mais detalhadamente.
- Questionar o argumento de Foot – se é o fato de ter alguns direitos que suscita a distinção entre matar e deixar morrer, discutir se há direito de não sofrer quando nos deixam morrer e queremos ser mortos.
- Mencionar o "argumento da ladeira escorregadia" – ver razões favoráveis e contrárias.

Conclusão:
- Resumir argumentos principais favoráveis e contrários
- Explicar como eles levam à conclusão

Como se pode ver, talvez os detalhes não sejam tão numerosos quanto seriam se o tópico fosse abordado vagamente. Dispor de um plano básico para o ensaio é o primeiro passo para expandir tal plano até que ele se configure como um ensaio completo – podemos pensar no ensaio como um texto que preenche as lacunas do plano.

Escrevendo o seu ensaio

No contexto do que você decidiu defender – que a eutanásia é moralmente aceitável – uma breve explicação daquilo que você entende pelo termo poderá ser útil. Isso porque o termo "eutanásia" é uma combinação de duas palavras gregas *eu* e *thanatos* que significam "uma boa morte". Por isso, talvez seja bom começar o ensaio com essa análise e explicar como o termo é em geral entendido hoje – proporcionar uma boa morte a alguém que sofra de uma doença incurável ou tenha dores insuportáveis. Depois disso, você poderá estabelecer quais áreas do assunto serão focalizadas em seu ensaio – a distinção entre eutanásia ativa e passiva. A seguir, explique que você analisará argumentos favoráveis e contrários à eutanásia, antes de concluir que a eutanásia não é algo moralmente errado. Como se mencionou antes, se sua lista de leitura e as discussões de sala de aula cobriram determinadas áreas do assunto que você não possa discutir em um ensaio curto, explique por que você as excluiu do escopo de seu ensaio. Por exemplo, embora o artigo de Beauchamps seja interessante, introduz um tema, o utilitarismo, que você não poderá cobrir adequada e detalhadamente em um ensaio curto.

Agora que a introdução do ensaio está pronta, passe para o desenvolvimento. Trabalhando a partir do plano do seu ensaio, você precisará apresentar um breve resumo do que se entende por eutanásia ativa e passiva. Você poderá usar citações dos textos que já leu, mas não exagere no número de citações, afinal de contas quando se escreve um ensaio deve-se demonstrar compreensão do assunto e envolvimento crítico com ele, e não a capacidade de copiar muitos trechos de livros. Se você usar materiais de outros autores em excesso, a mistura do estilo deles com o seu gerará confusão para o leitor. Quando for usar uma citação, não se esqueça de referenciá-la. Contudo, usar suas próprias palavras ainda é a melhor maneira de demonstrar que compreende o que lê e de garantir que sua escrita não fique confusa ou remendada.

Tendo esclarecido que a eutanásia passiva se refere a abster-se de fornecer tratamento a um paciente e que a eutanásia ativa se refere a tomar uma atitude deliberada para terminar a vida do paciente, você pode passar a avaliar criticamente os argumentos que cercam essas ideias. Por exemplo, a doutrina da ação e da omissão oferece um bom escopo para a discussão da ideia de que a eutanásia passiva é aceitável e a ativa, não. Isso, porém, pode ser criticado com contra-argumentos. Idealmente, você deve demonstrar que seu pensamento crítico tem várias camadas de profundidade.

Embora haja muitos exemplos de filósofos que argumentam a favor e contra a doutrina da ação e da omissão, você tem aqui uma primeira oportunidade para expressar sua própria opinião, fundamentada em razões, é claro. Talvez você pense que não tem nada a acrescentar ao debate. Afinal de contas, os filósofos profissionais estão escrevendo há milhares de anos sobre essas questões. Embora seja verdade que é difícil apresentar um argumento totalmente novo a favor (ou contra) à doutrina da ação e omissão, há muitas maneiras de demonstrar originalidade no que se escreve. Por exemplo, um ensaio sobre eutanásia é uma oportunidade para criar seus próprios exemplos e cenários. Assim, da mesma forma que Philippa Foot cria um exemplo de um Resgate 1 e de um Resgate 2 em uma tentativa de demonstrar que matar e deixar morrer são coisas moralmente distintas, você poderia ampliar esses exemplos para argumentar que não há distinção alguma, ou criar um cenário inteiramente novo.

Agora você já deve ter preenchido muitas das lacunas do plano inicial do ensaio e ampliado os pontos de vista que queria defender. Manter esses pontos em mente quando for ampliar seus pensamentos iniciais deve ajudar a escrever critica e claramente.

Quando você tiver ampliado todos os pontos do plano do ensaio, poderá escrever a conclusão. Lembre-se de que a conclusão deve ser uma breve recapitulação dos pontos principais que você defendeu durante o ensaio e de como eles remetem à tese principal. Não deve haver nada de novo na conclusão, não deve haver algo que surpreenda o leitor – os argumentos do desenvolvimento devem todos sustentar e levar à conclusão.

Ensaio B

Analisemos agora um exemplo um pouco mais difícil. Há muitas discussões em todas as áreas de nossas vidas sobre os tipos de responsabilidade que temos para com o meio ambiente. Aqui está, então, uma questão que tem relevância direta para nosso pensamento acerca dessas questões.

> A poluição é um mal. Reduzindo-a ou eliminando-a, os governos fazem com que a vida das pessoas fique melhor. Não há dúvida de que os benefícios decorrentes de uma redução nos níveis de poluição só podem ser atingidos se a sociedade limitar determinadas atividades, antes difundidas; há, por assim dizer, custos sociais a serem pagos. Como, porém, os benefícios desses programas voltados a impedir a poluição e proteger o ambiente serão distribuídos entre as pessoas atingidas?[2]
>
> Os governos e os indivíduos deveriam estar preocupados com os interesses das gerações futuras? Explique sua resposta. (2000 palavras.)

Este é hoje um problema real para nós. Como devemos pensar a questão dos interesses morais e políticos de todas as pessoas em relação a suas necessidades e seus desejos? E como devemos considerar os interesses de quem ainda não existe, se ainda temos de considerar *nossas* necessidades reais atuais e nosso próprio ambiente? Seria fácil responder a uma pergunta como essa com opiniões que apelassem para fatores emotivos sobre as crianças do futuro ou basear nossa resposta em notícias sobre a globalização e as multinacionais, biodiversidade e conservação e nos interesses do mundo em desenvolvimento. Contudo, um bom ensaio filosófico requer uma análise clara dos temas e das questões que subjazem à citação e à pergunta do ensaio. Essa espécie de ensaio exige que você demonstre sua capacidade de analisar os problemas filosóficos que estão presentes nos debates políticos de hoje.

Não seria, por exemplo, adequado começar apenas com suas opiniões sobre o assunto:

As gerações futuras são nossos filhos e netos. Mesmo que não tenham ainda nascido, temos uma tendência natural a cuidar deles. Todos sabemos que a poluição é ruim e a ciência nos mostra por que. Portanto, devemos tentar evitar poluir nosso ambiente, protegendo nossas crianças e as próximas gerações. Dessa forma, eles poderão ter o mesmo padrão de vida que temos.

> Essa espécie de estratégia é filosoficamente inadequada. O que precisamos fazer é separar os diferentes aspectos filosóficos contidos na citação e na questão proposta pelo ensaio. Fazer algumas anotações ajudará. Antes de começar a escrever e pensar sobre o que devemos ler, podemos levantar muitas questões:

1. A poluição é um mal? O que isso quer dizer?
2. O dever do governo ou dos indivíduos é "limitar" a vida das pessoas? E a liberdade? Quais são os custos sociais? Quais são os custos globais?
3. Como são os benefícios sociais e ambientais atualmente distribuídos entre as pessoas vivas hoje? A distribuição é justa?
4. Quem mais tem interesse?
5. Em geral *presumimos* que os interesses futuros devam ser considerados. Mas isso está certo? Como podem pessoas que ainda não existem ter direitos? Quantas pessoas futuras estão sendo consideradas? Em que momento do futuro?
6. Os interesses e as necessidades materiais das gerações passadas foram diferentes dos da nossa geração e elas podiam ter sabido quais seriam nossas necessidades. Que padrão de vida devemos legar às gerações futuras? Se elas têm interesses, qual é nossa obrigação para com eles? Devemos nos sentir obrigados a restringir nossas próprias atividades por causa deles?

Sem dúvida, cada uma dessas questões poderia ser um ensaio em si. Às vezes isso pode ser um problema para quem está analisando questões de ensaio. Temos de encontrar a questão *central*. Nesse caso não é muito difícil, já que temos uma pergunta que é feita logo depois da citação, e é objetivo de quem a faz que centremos nossa atenção nela. Isso quer dizer que temos de olhar com maior profundidade para os pontos 4, 5 e 6 anteriormente citados.

Contudo, algumas considerações sobre os outros pontos ajudarão a encontrar uma resposta mais bem-acabada e, por isso, não os descartaremos. Temos de decidir quais serão incluídos em nossa resposta. Primeiramente, consideremos a alegação básica de que a poluição torna nossas vidas piores. Pergunte-se: em si, essa afirmação precisa ser explicada mais detalhadamente para este ensaio? A resposta é: provavelmente não, já que não nos foi perguntado o que é a poluição. Podemos dizer alguma coisa sobre o que o autor quer dizer com alguma coisa ser um mal, em uma frase curta. Em segundo lugar, a questão da responsabilidade governamental também não é uma preocupação fundamental, mas devemos deixar nosso leitor ciente de que sabemos que ela é um *componente* ou premissa do argumento e que precisa ser levada em consideração. Em terceiro lugar, ao observar que os governos têm de equilibrar seus interesses, estamos começando a tocar nas questões centrais que devemos abordar. Por isso também precisamos demonstrar que temos ciência desse ponto, que é parte importante da discussão.

Examine o parágrafo a seguir e observe se alguns dos outros pontos foram abordados e se o foco passa para o assunto principal.

> Presumamos que o autor tenha querido dizer que a poluição torna a vida das pessoas pior como um todo, tanto individual quanto coletivamente, quando ele diz que a poluição é um mal: não se trata de um bem. A liberdade é também em geral considerada um bem. Por isso precisamos presumir para esta discussão, que, quando os governos legislam para proteger o ambiente, restringindo as atividades que causam ou aumentam a poluição, eles estão cientes de que há um equilíbrio a ser alcançado entre o valor da liberdade e a possibilidade de um bem decorrente da diminuição da poluição. Contudo, há outros fatores a equilibrar. Assim como acontece com outros bens, os governos estão voltados ao modo como distribuem tais bens à sociedade, e globalmente entre as nações desenvolvidas e em desenvolvimento. Mas com as questões sobre o ambiente e com os recursos naturais em geral, presume-se com frequência que as gerações futuras devam ser levadas em consideração. As gerações futuras não existem e suas necessidades e interesses são desconhecidos. O modo como respondemos a outras questões referentes ao equilíbrio dependerá dos interesses que estiverem em jogo. Portanto, ser capaz de entender como devemos tratar as gerações futuras nos ajudará a esclarecer como essas questões todas podem ser abordadas, porque seremos capazes de ver se existem critérios razoáveis e justificáveis que possam ser usados na discussão sobre interesses e benefícios ambientais em termos mais gerais.

Tomamos a citação e a abrimos um pouco, demonstrando que entendemos por que a pergunta feita é crucial para os questionamentos mais profundos. A seguir, precisaríamos analisar mais detalhadamente as três questões a que já aludimos. Pessoas que não existem têm interesses? Quais são os interesses que podemos presumir para pessoas cujas necessidades são desconhecidas? E, mesmo que elas tenham interesses, quais são nossas obrigações para com elas? Cada uma dessas questões deve ser abordada separadamente. Nesse ponto, você precisará voltar-se às leituras exigidas pelo curso, nas quais tal questão está engastada. Como os interesses são medidos e determinados? Já existem critérios aos quais você possa recorrer na literatura de seu curso a fim de fazer citações (corretamente referenciadas)?

O que você deve perceber nesse exemplo de ensaio é a importância de subdividir as diferentes questões que podem formar a questão principal. Escrever tantas questões quanto puder sob a forma de notas, antes de começar, é uma boa maneira de demonstrar a si mesmo que você precisa tornar clara toda linha de argumentação e tratar todo ponto como merecedor de sustentação e análise em alguma medida. Lembre-se de que cada um dos pontos principais que você identificar agirá como uma premissa do argumento que forma o seu ensaio, levando à conclusão final. Se as premissas não forem fortes, a conclusão também não será.

Ensaio C

> Compare e contraste os pontos de vista de Descartes e Locke no que diz respeito às ideias inatas. Qual é a posição mais defensável? Dê as razões para sua resposta.

Esta questão é de alguma maneira mais difícil do que as anteriores. Ela exige um conhecimento específico das teorias dos dois filósofos, e não pode ser respondida simplesmente por meio do que pensamos sobre o que está em questão, como ocorreu anteriormente. O tema é também relativamente técnico – ao contrário da questão sobre a eutanásia, o problema das ideias inatas não é amplamente discutido fora da filosofia, apresentando um desafio maior.

Por essas razões, não é provável que você enfrente uma questão como essa no começo de seus estudos filosóficos; ela requer algum conhecimento anterior de filosofia, sendo por isso mais provável que você aborde tais questões ao final do primeiro ano do curso ou em semestres posteriores. Porém, mais cedo ou mais tarde, terá de enfrentá-las, e por isso vale a pena dedicar algum tempo a esse tipo de questão aqui.

Você só terá de fazer um trabalho como esse quando tiver estudado previamente o assunto em questão – então aqui está uma introdução (incompleta) à questão das ideias inatas.

Ideias inatas

Como podemos ter certeza de que aquilo em que acreditamos é verdadeiro? Os filósofos do século XVII estavam especialmente preocupados com essa questão – buscando ir além da confiança inquestionável que se depositava na educação oferecida pela Igreja, procurando oferecer uma base segura para o conhecimento humano. Descartes, em particular, lidou com o ceticismo: nada poderia ser conhecido com certeza.

As ideias inatas foram investigadas como uma solução possível a esse problema – se há algumas verdades fundamentais que conhecemos de maneira inata (isto é, que estão contidas em nós de alguma forma quando nascemos), então talvez isso possa fornecer a base necessária sobre a qual podemos fundamentar o resto de nosso conhecimento do mundo.

Como fazer este trabalho? Observe que a questão é bastante detalhada; Pode acontecer também de você simplesmente defrontar-se com a primeira sentença como um ensaio título: "Compare e contraste os pontos de vista de x e y". Contudo, como já dissemos, espera-se mais de você em uma faculdade de filosofia do que simplesmente redescrever os pontos de vista de x e y. Será preciso também analisá-los criticamente. Em nossa questão, essa exigência ficou explícita nas frases seguintes; mas mesmo que tal exigência não fosse articulada, estaria implícita.

Comecemos pela identificação precisa do que a questão está perguntando e, portanto, do que precisamos dizer a fim de respondê-la.

- **Compare e contraste os pontos de vista de Descartes e Locke no que diz respeito às ideias inatas.** Isso nos dá um direcionamento claro para o ensaio:
  - Assunto: ideias inatas
  - Pensadores fundamentais: Descartes, Locke
  Também sugere uma estrutura para o ensaio – pede-se para "comparar e contrastar". Por isso, precisamos identificar similaridades e diferenças entre as duas visões. A fim de fazê-lo precisaremos primeiro descrever tais pontos de vista e depois analisá-los em suas semelhanças e diferenças.
- **Qual é a posição mais defensável? Dê as razões para sua resposta.** É preciso também oferecer nossa própria avaliação dos méritos respectivos das duas posições – qual delas achamos ser a melhor teoria? E por quê?

Talvez você já tenha formado uma opinião, durante as aulas e os seminários, quanto a qual dos dois pensadores oferece uma melhor teoria sobre as ideias inatas, mas talvez não tenha pensado sobre isso ainda ou talvez não esteja certo do que concluir sobre o assunto. É perfeitamente possível lidar com essa questão sem saber de antemão qual será sua resposta; contudo, não se esqueça que você precisará chegar a uma conclusão que contemple sua própria resposta à questão quando finalizar o ensaio.

Primeiramente, reunamos o que já sabemos sobre os pontos de vista de Descartes e Locke sobre as ideias inatas, examinando nossas notas de aula, de seminários e de leitura que digam respeito a esses filósofos, para filtrar detalhes sobre o pensamento deles. Lembre-se de que a informação a ser coletada deve ter relevância para o título do ensaio: cobrir a biografia dos filósofos e ir além do número de palavras pedido no ensaio não fará com que o trabalho seja bem-avaliado.

É recomendável começar com uma definição de seus termos principais: nesse caso, o que é uma ideia inata? Se você não tiver ainda uma boa definição. Será um bom momento para começar sua pesquisa. A definição do dicionário para "inata" é "algo que nasce com o indivíduo". Será que essa definição é precisa o suficiente para um trabalho filosófico? Verificar nossas anotações ou um dicionário de filosofia ajudará a esclarecer que a característica principal das ideias inatas é que elas são congênitas, e não produto da experiência. Agora já temos a precisão de que necessitamos? É importante entender o seguinte – se não entendermos o que sejam ideias inatas, toda nossa discussão será mal-orientada. Então deixaremos essa questão em aberto por enquanto e voltaremos a ela quando for necessário refinar nossa definição.

Essa compreensão das ideias inatas pode agora ajudar a moldar o resto do ensaio – precisamos buscar os pontos de vista de Descartes e Locke sobre se nossas ideias são resultado da experiência ou se já estão em nossas mentes independentemente da experiência. Talvez já possamos prever que as visões de ambos sejam diferentes em alguns aspectos – por exemplo: Quais ideias são inatas (se é que há ideias inatas)? Por que (por que não)? O que há de especial sobre elas – por que é importante saber se as ideias são ou não inatas?

Talvez seja útil resumir e organizar suas informações – por exemplo, ao preparar este ensaio, pode ser útil anotar as ideias principais dos dois filósofos em colunas paralelas, o que facilita a comparação. Assim nossas notas preliminares para este ensaio seriam algo como:

Notas para o ensaio

Título do ensaio: comparar e contrastar os pontos de vista de Descartes e Locke em relação às ideias inatas

Ideias inatas – congênitas, não são produto da experiência

Descartes	Locke
Ideias vindas da experiência nem sempre são confiáveis – método da dúvida	Rejeita o ponto de vista de Descartes – não há ideias inatas

• Não consegue distinguir o sonho da realidade de maneira confiável?
• Por isso não pode afirmar que haja uma realidade diferente do que sonhamos sobre ela?
→ As ideias inatas são necessárias para sustentar o conhecimento
 	
Exemplos de ideias inatas:
• Cogito: Penso, logo existo
• Deus
• Princípios matemáticos
	Seus contra-argumentos:
	
	• Ideias "inatas" (p. ex.: Deus, matemática, lógica, moral) não são sustentadas por todas as pessoas – o que dizer das crianças? E dos que não tem capacidade de aprender? + Outras sociedades têm regras éticas diferentes
	• O conhecimento inconsciente das ideias inatas é rejeitado como algo que "se aproxima de uma contradição". Por isso a mente é uma *tabula rasa* – todas as ideias são desenvolvidas a partir de experiências:
	  • Advindas do mundo externo (sensações) ou
	  • De nossas próprias mentes (reflexão). Embora tenhamos capacidades inatas para adquirir ideias (por exemplo, por meio da razão → ideia de Deus)

Analisemos agora até onde fomos. Como essas informações podem nos ajudar a responder à pergunta do ensaio? Temos o suficiente para fazer o trabalho ou precisamos pesquisar mais?

Nesse ponto pode ser útil fazer um esboço de nosso ensaio. Voltemos ao título de nosso ensaio, esbocemos as diferentes partes do argumento e identifiquemos onde serão encaixadas as informações que obtivemos até agora – e se há lacunas a serem preenchidas.

Compare e contraste os pontos de vista de Descartes e Locke no que diz respeito às ideias inatas. Qual é a posição mais defensável? Dê as razões para sua resposta.

Esboço do ensaio

Introdução
- Definir ideias inatas: = congênitas, não produto da experiência
- Resumir os pontos de vista de Descartes e Locke: Descartes defende as ideias inatas; Locke as rejeita.
- Resumir qual perspectiva considero a melhor e por quê. Já cheguei a uma conclusão aqui?

Descrever o ponto de vista de Descartes
- As ideias inatas fundam o conhecimento
- <u>Isso ocorre porque</u> as ideias vindas da experiência não são confiáveis (método da dúvida)
- Ideia inata principal: cogito (penso, logo existo)
- Ideia de Deus também é inata
- Deus garante a verdade das ideias claras e distintas
- Outras ideias inatas: princípios matemáticos

Descrever o ponto de vista de Locke
- Locke rejeita a visão de Descartes (Mas há similaridades? Quais?)
- Diferença: não há ideias inatas
- <u>Isso ocorre porque</u> contraexemplos podem ser dados para todas as assim chamadas ideias inatas:
  - Matemática, lógica – crianças e pessoas com dificuldades de aprendizagem não têm essas ideias
  - Deus, o certo e o errado moralmente – sociedades diferentes têm ideias diferentes sobre esses temas
- Locke rejeita a sugestão de que podemos ter ideias inatas inconscientemente
- → a mente é uma *tabula rasa*. Temos <u>capacidades</u> inatas, por exemplo a razão, mas todas as ideias são construídas com base na experiência

Avaliar pontos fortes e fracos das perspectivas de Descartes e Locke. Qual é a melhor? Por quê?
- [ainda não tenho muitas ideias para esta parte do trabalho]

Conclusão

Isso demonstra que até agora temos um esboço substancial dos componentes descritivos do ensaio – identificamos o que Descartes e Locke pensavam sobre as ideias inatas e quais eram suas razões para isso – e também temos uma linha natural de argumentação para apresentar seus pontos de vista (porque Locke estava respondendo à abordagem cartesiana). Precisamos, contudo, pesquisar mais para desvendar o que Descartes e Locke tinham em comum, se é que tinham algo em comum, pois apenas centralizamos nossa atenção nas diferenças. Está também claro que não temos ainda muito material para o componente avaliativo – portanto precisamos pensar de maneira mais crítica e pesquisar mais.

Examinemos as duas posições para tentar descobrir alguns pontos em comum. Até agora focalizamos de maneira bastante limitada os detalhes dos pontos de vista dos dois pensadores sobre as ideias inatas: mas não demos um passo atrás para perguntar por que eles discutiam justamente as ideias inatas. Pense novamente nas questões que fizemos antes como possíveis aspectos nos quais Descartes e Locke difeririam: "Quais ideias são inatas (se é que há ideias inatas)? Por quê (por que não)? O que há de especial sobre elas – por que é importante saber se as ideias são ou não inatas?" Até agora abordamos as duas primeiras perguntas, mas ignoramos a terceira.

Se consultarmos nossas notas sobre essa última questão, descobriremos que Descartes e Locke compartilhavam preocupações sobre o *status* do conhecimento e sobre a necessidade de oferecer justificação para o que conta como conhecimento verdadeiro. É no contexto dessa área de investigação que ambos os pensadores exploram o conceito de ideias inatas para ver se, e como, tais conceitos podem contribuir para o conhecimento. Então podemos argumentar que ambos os pensadores compartilham de determinados pontos de vista no que diz respeito ao porquê da importância da questão das ideias inatas (pode haver outras similaridades também – há pressupostos comuns subjacentes aos dois pontos de vista, por exemplo?).

Agora precisamos aplicar nossa capacidade de análise crítica à tarefa de avaliar os dois pontos de vista mais profundamente. Há argumentos que sustentem todas as afirmações feitas por Descartes e Locke? São argumentos fortes? Que objeções podem ser feitas a cada ponto de vista – e quais argumentos podem ser apresentados em resposta a eles? Muitos dos argumentos de Locke apresentam objeções à visão de Descartes – mas se nosso ensaio deve apresentar um relato equilibrado, precisamos também explorar as possíveis objeções também a Locke.

Observemos novamente nosso resumo do ponto de vista defendido por Locke. Ele critica, por sua vez, muitas das ideias que foram propostas como "inatas", oferecendo-nos provas contrárias para cada caso: por exemplo, as crianças e as pessoas que tenham dificuldade para aprender não possuem ideias inatas sobre os princípios lógicos e matemáticos; culturas diferentes não compartilham nossa concepção "inata" sobre o que seja certo e errado, ou nossa ideia de Deus. Locke conclui que não há ideias inatas. Mas essa conclusão é apressada demais? Ela se fundamenta na asserção feita por Locke da impossibilidade de que tenhamos ideias inatas inconscientemente – de outra forma, os opositores de Locke poderiam argumentar que (por exemplo) as crianças de fato têm a ideia inata sobre o princípio lógico da não-contradição; elas simplesmente não estão em condições de trazer tal perspectiva à consciência. Mas qual é o argumento de Locke para rejeitar a noção de conhecimento inconsciente? Você consegue identificar algum outro problema em seu raciocínio?

Também precisamos estabelecer o que concluímos a partir de nossos argumentos. Talvez estejamos convencidos pela crítica de Locke a Descartes e, portanto, inclinados a aceitar os argumentos daquele – se for assim, precisamos também oferecer uma defesa do seu ponto de vista contra objeções, tais como a que acabamos de levantar ou, pelo menos, oferecer argumentos que considerem tais objeções menos condenatórias do que aquelas levantadas contra o ponto de vista de Descartes. É legítimo reconhecer que nem todos os problemas da filosofia tenham sido resolvidos; contudo, você não receberá muito crédito se somente declarar que "os filósofos continuam a debater essa questão" – é preciso oferecer o seu próprio e bem pensado ponto de vista sobre os méritos das teorias em questão.

Tendo assim completado o esqueleto do argumento para nosso ensaio, precisamos agora colocar carne entre os ossos, escrevendo um esboço completo do trabalho. Conforme você for escrevendo, constatará que algumas seções exigirão maiores esclarecimentos ou que a resolução de alguns detalhes de uma seção do argumento fará com que você mude sua compreensão e revise outro aspecto do trabalho – por isso é importante dispor de bastante tempo para finalizar esta parte do trabalho. Como observamos anteriormente, aqui também está o valor de escrever nossa própria filosofia – às vezes, é só quando tentamos expressar nossas ideias no papel que temos total clareza sobre determinado assunto.

Para demonstrar isso, escrevamos integralmente os parágrafos que concluem nosso ensaio – as anotações à direita indicam que novos desafios foram revelados somente neste estágio do trabalho.

Conclusão do ensaio – com notas

[...] Locke assim apresenta fortes críticas ao ponto de vista de Descartes sobre as ideias inatas; contudo, o próprio ponto de vista de Locke não é inatacável, como análise posterior demonstrará. O uso que Locke faz de contraexemplos para refutar a classificação de ideias tais como a de que os princípios lógicos sejam "inatos" tem como — Tomar cuidado – o argumento de Locke é de fato uma refutação definitiva ou uma objeção parcial?

(continua)

(continuação)

base a premissa que, se uma ideia não for conscientemente conhecida pelo indivíduo, então é porque o indivíduo não tem tal ideia – que o conhecimento inconsciente é impossível (ou, conforme, diz ele, aproxima-se de uma contradição). Contudo, o conhecimento inato não precisa ser compreendido dessa forma. Por exemplo, Leibniz, mais tarde, argumenta que as ideias inatas devem ser entendidas como "disposições e atitudes"; e se esse é o caso, não há mais uma "contradição" em sugerir que as crianças possam ter ideias inatas de princípios lógicos (por exemplo), mesmo que elas não "conheçam" tais princípios no sentido dado por Locke.

> Tentar identificar a(s) hipótese(s) subjacente(s) que sustenta(m) os contraexemplos de Locke...

> ...e depois fazer uma pesquisa para identificar outra abordagem.

Independentemente dessas preocupações, considero que o ponto de vista de Locke é em última análise mais defensável do que o de Descartes. A noção de conhecimento inconsciente, embora talvez não tão obviamente errada quanto Locke parece julgar, é ainda problemática – é difícil entender em que sentido uma criança "tem" a ideia do princípio da não-contradição (por exemplo) quando ela não possui meios para entendê-lo ou expressá-lo. Locke não se opõe à ideia de que a mente tenha a capacidade de adquirir ideias – portanto talvez fique aberta para ele a argumentação segundo a qual os princípios lógicos e similares são alcançados por meio do exercício da razão, mais do que são alcançados de maneira inata.

> Acrescentar argumentos extras para sustentar essa conclusão.

Para concluir: examinei os argumentos de Descartes para a existência de ideias inatas (que podem ser conhecidas independentemente da experiência), tais como nossa própria existência, Deus e princípios lógicos e matemáticos. Contrastei esses argumentos com a afirmação de Locke de que a mente é uma *tabula rasa* e que todas as nossas ideias derivam da experiência. Argumentei que as objeções de Locke ao caráter inato das ideias são instigantes e que os contra-argumentos que dependem da noção controversa de conhecimento inconsciente são insuficientemente fortes para garantir a rejeição a suas teses. Concluo, portanto, que Locke estava certo quando argumentou pela não-existência de ideias inatas.

Ensaio D

"Deus inclina a nossa alma sem necessidade (...). Não temos de perguntar por que Judas peca, já que este ato livre está contido em sua noção, mas apenas por que se permite a existência de Judas, o pecador" (Leibniz). Discuta essa afirmação.

À primeira vista, essa questão parece bastante difícil – a linguagem utilizada na citação é bastante obscura, e talvez não fique imediatamente óbvio quais questões filosóficas estejam em pauta aqui. Precisamos buscar as "palavras-chave" da citação – mas como é provável que essas questões tenham sido levantadas durante as aulas e seminários, provavelmente não será muito difícil apontá-las.

Embora inicialmente as "palavras-chave" possam parecer ser "Deus" e "pecado", se lermos a citação novamente perceberemos que "Judas, o pecador", está sendo usado apenas como exemplo e que o verdadeiro foco da discussão, que o exemplo ilustra, está nas noções de liberdade e necessidade. O problema do livre arbítrio é uma questão fundamental do debate filosófico: se não posso agir de outra maneira, é questionável se meu ato é produto de meu livre arbítrio. Por isso precisamos ver que o foco da citação e, portanto, de nosso ensaio é saber se temos ou não livre arbítrio.

A questão proposta para o ensaio é muito mais aberta do que as anteriores – então a tarefa é analisar o que seria considerado uma boa resposta para ela. Que espécie de "discussão" se pede aqui? Se você estiver acostumado a escrever ensaios sobre literatura, a forma da questão talvez lhe pareça familiar – mas é importante lembrar que se trata de um trabalho filosófico: o foco precisa estar nas ideias e nos argumentos filosóficos, e não em uma avaliação literária. Da mesma forma, devemos evitar fugir do assunto, isto é, não devemos entrar em debates de ordem religiosa sobre o pecado.

Precisamos, portanto, enfocar as questões filosoficamente distintas do livre arbítrio e da necessidade, levantadas pela citação. Contudo, ainda há mais de uma maneira de abordar esse assunto sem deixar de responder à questão. Por exemplo:

- Devemos enfocar a concepção de Leibniz sobre o livre arbítrio e a necessidade?
- Devemos discutir as dificuldades que surgem da busca do equilíbrio entre livre arbítrio e necessidade, usando a citação de Leibniz como exemplo e também explorando outras abordagens?

Vale a pena verificar se seu professor tem preferência por uma determinada abordagem. Por exemplo, se o trabalho for parte de uma disciplina sobre filosofia moderna, é provável que a expectativa seja a de que seu ensaio enfoque a exegese e a análise crítica da teoria de Leibniz.[3] Se, contudo, for parte de uma disciplina voltada a "problemas gerais da filosofia", pode ser aceitável comparar e contrastar a abordagem citada com outras da literatura filosófica. Se for necessário, busque esclarecimentos – lembre-se de que seu ensaio será avaliado pela boa resposta que der à pergunta feita, sendo crucial não interpretá-la mal. Se isso não for suficiente para determinar qual interpretação adotar, é uma boa ideia declarar na introdução como você pretende abordar a questão – uma explicação de sua compreensão do problema ajudará seu leitor a ver precisamente como os seus argumentos subsequentes respondem à pergunta.

Outro fator que se deve ter em mente é o limite de palavras: se o ensaio for curto, será possível apenas analisar o ponto de vista de Leibniz em profundidade razoável. Sempre será necessário tomar decisões difíceis sobre o que incluir no ensaio e sobre o que deixar de fora, e pode ser útil explicitar esse processo. Por exemplo, este trabalho em particular talvez faça com que você diga: "O ponto de vista de Leibniz também suscita questões filosóficas interessantes sobre a natureza do pecado – se o pecado é inevitável e se é, de alguma forma, em última análise, desejável – mas isso está além do âmbito deste ensaio".

Presumamos, por enquanto, que enfocaremos o ponto de vista de Leibniz e vejamos até onde chegamos – talvez possamos voltar a outras teorias se tivermos tempo e o número de palavras ainda não tiver sido esgotado. Já esclarecemos o enfoque de nosso ensaio, mas ainda precisamos identificar a estrutura do argumento necessária à resposta à questão.

O título do ensaio inclui a citação por algum motivo, então comecemos por aí e apliquemos a isso nossa capacidade de leitura filosófica. Isso deve ajudar-nos a identificar os componentes centrais de nosso argumento e o modo como eles se encaixam:

Esqueleto do argumento
1. O que a citação quer dizer?
   a. Quais são as ideias principais discutidas (ofereça definições se necessário)?
   b. Como as ideias se relacionam – qual é a estrutura do argumento?
2. Quais são as razões para dizer isso?
   a. Quais são os argumentos de sustentação (se eles não estão incluídos na própria citação)?
   b. Por que a pergunta é importante?
3. O que decorre da questão?
   a. O ponto de vista é bem-sucedido? As premissas são verdadeiras? A conclusão é adequada?
   b. Quais são as consequências desse ponto de vista?
   c. Ele suscita problemas?
   d. Os problemas podem ser superados? Como?

As perguntas apresentadas mostram uma estrutura argumentativa que podemos usar como base para nosso ensaio. Resta agora preencher o conteúdo. Exploremos agora como podemos fazer isso na primeira seção, interpretando e analisando a citação:

"Deus inclina a nossa alma sem necessidade (...). Não devemos perguntar por que Judas peca, já que este ato livre está contido em sua noção, mas apenas por que se permite a existência de Judas, o pecador."

O que Leibniz está dizendo aqui? Parece que temos três afirmações fundamentais, mais duas afirmações suplementares que sustentam ou qualificam os pontos principais:

1. Deus inclina a nossa alma
   a) [mas] sem necessidade
2. Não devemos perguntar por que Judas peca (...)
   a) [porque] este ato livre está contido em sua noção
3. (...) mas [podemos perguntar] por que se permite a existência de Judas, o pecador

Parece claro que Leibniz está defendendo a ideia de que dispomos de livre arbítrio – as frases (1a) e (2a) referem-se explicitamente à ausência de necessidade e "atos livres". O resto do argumento de Leibniz é mais difícil – o que significa "inclina nossa alma" (1)? "permite a existência" (3)? E que algo esteja "contido em sua noção" (2a)? – e nós provavelmente precisaremos voltar a nossas anotações ou fazer mais pesquisas, para entender completamente do que se trata. Aqui podemos começar a ver que as duas primeiras seções do nosso esqueleto do argumento – "O que a citação quer dizer?" e "Quais são as razões para dizer isso?" – talvez se confundam: precisamos descobrir algumas das teses de apoio de Leibniz que deem sustentação aos detalhes da própria citação.

Com alguma pesquisa, podemos estabelecer outros princípios relevantes do pensamento de Leibniz – por exemplo, o de que todo ser humano é uma unidade que tem um conceito completo, um *script* de tudo o que pode ser dito a seu respeito.[4] Isso nos ajuda a interpretar a frase 2, segundo a qual as ações de Judas (incluindo seu pecado) são parte do *script*, e assim estão "contidas em sua noção". Por isso não tem sentido perguntar "por que Judas peca", pois, para Leibniz, isso é parte do que Judas é. Se Judas não cometesse seu pecado, não seria Judas. Pela pesquisa, também descobriríamos que Leibniz acreditava que Deus era o criador do melhor dos mundos possíveis – o que nos ajuda a interpretar a frase 3 da seguinte forma: tem sentido perguntar por que Deus permite que Judas (dada sua natureza de pecador) exista como parte integrante de tal mundo.

Poderíamos discorrer mais sobre o significado da citação, mas já temos material suficiente para antecipar algumas das questões com que precisaremos lidar na terceira seção de nosso ensaio, em que avaliaremos criticamente as implicações da citação. De um lado, Leibniz fala de "atos livres"; de outro, afirma que tais atos estão "contidos na noção" de Judas (ou de qualquer outro indivíduo) – o que implica que Judas não seria Judas se não tivesse pecado. Como conciliar essas duas afirmações? Como pode o ato de Judas ser livre se ele não poderia ter agido de outra forma? Como ele poderia ter agido de outra forma se este ato está "contido em sua noção"? É impossível admitir que Leibniz esteja apresentando afirmações contraditórias (se esse fosse o caso, não estaríamos estudando seus argumentos três séculos depois). Por isso precisamos fazer uma análise mais precisa dessas ideias, a fim de estabelecer como Leibniz busca resolver essa tensão – e se é bem-sucedido.

Este é um bom exemplo de como um argumento filosófico pode exigir que usemos a linguagem de modo bastante preciso, a fim de tornar nossas afirmações claras. Exploremos agora um modo de esboçar integralmente esta seção do ensaio:

Rascunho do ensaio

Na primeira leitura, a frase de Leibniz parece defender dois pontos de vista conflitantes:
- De um lado, o pecado de Judas é um "ato livre" – o que implica que Judas poderia ter agido diferentemente
- Por outro lado, o pecado de Judas está "contido em sua noção" – o que, na filosofia de Leibniz, quer dizer que o pecado de Judas é parte do conceito completo de Judas: e assim, se Judas tivesse agido diferentemente, não seria Judas.

> Esta é uma reapresentação da análise que fizemos anteriormente – usando a mesma frase, poderia ter "agido de maneira diferente" a cada vez, para deixar claro que as duas partes da tese são conflitantes.

Judas certamente poderia ter agido de outra forma ou não poderia – como conciliar essas duas afirmações para evitar contradição?

A fim de defender a lógica da tese de Leibniz, precisamos fazer a diferença entre os dois sentidos distintos da afirmação de que Judas "poderia ter agido de maneira diferente". Leibniz faz isso por meio da distinção entre necessidade absoluta e necessidade hipotética:

> Aqui começa nosso apelo a um uso mais filosoficamente preciso da linguagem.

- Necessidade absoluta: o oposto é autocontraditório
- Necessidade hipotética: depende da verdade das premissas adicionais:
  - Deus existe;
  - Deus criou o melhor dos mundos possíveis;
  - X é parte do melhor de todos os mundos possíveis.
  - Dada a verdade dessas premissas, segue-se necessariamente que X.

> Poderíamos fazer uma distinção equivalente sem apelar à teoria própria de Leibniz? A linguagem técnica ajuda ou atrapalha? A notação lógica seria útil?

O pecado de Judas não é absolutamente necessário – não é autocontraditório sugerir que ele não pecou – por isso, nesse sentido, ele poderia ter agido de outro modo.

> Explicar como a teoria descrita no parágrafo anterior se aplica ao exemplo em discussão.

(continua)

(continuação)

Contudo, a existência de Judas, o pecador, é hipoteticamente necessária – é parte deste "melhor dos mundos possíveis" – assim, nesse sentido, ele não poderia ter agido de outra forma.

Isso remove a contradição entre as duas afirmações e torna o argumento bom: nossas ações, e as de Judas, não são (absolutamente) necessárias, mas o mundo é tal que disso se segue necessariamente que Judas optará por pecar. Conforme Leibniz escreve em outro texto, "as razões dessas verdades contingentes inclinam* sem necessitar. É verdade que eu poderia não conseguir continuar essa jornada, mas é certo que irei" (correspondência com Arnauld).

Contudo, pode-se argumentar que a liberdade oferecida aqui é bastante limitada. Mesmo que nossas ações não sejam absolutamente necessárias, somos de fato livres se "é certo que" farei x – se está "contido na [minha] noção" que assim o farei? Pode-se argumentar que isso não é mais do que uma ilusão de liberdade – da minha perspectiva, parece que eu poderia ter escolhido de outro modo, mas a partir da "visão do olho de Deus" segue-se necessariamente que eu faça x. Não é uma situação muito confortante acreditar que eu poderia ter falhado ao fazer x em um mundo possível diferente, se necessariamente eu "escolho" fazer x neste mundo.

> Inclua sua própria análise do argumento – a conclusão está de acordo com as premissas?

> Esse exemplo adicional acrescenta algo de novo ao nosso argumento? Resistir à tentação de acrescentar citações para demonstrar as leituras que você fez. O exemplo precisa de mais explicações?

> Se o argumento for bom, mas se desejamos rejeitar a conclusão, então precisamos descobrir uma falha em uma das premissas – neste exemplo: que a noção exigida de "poderia ter agido diferentemente" é inadequada.

> A linguagem aqui necessita ser realmente precisa. O que temos aqui é uma reapresentação acurada do argumento ou seu significado foi alterado? A palavra "necessário" está sendo usada com cuidado?

Este exemplo ilustra, pelo menos em parte, como podemos passar de uma análise da questão do ensaio para um argumento completamente desenvolvido.

Ensaio E

> **Leia a passagem a seguir e responda às questões:**
> Em geral considera-se óbvio que a existência do mal é, no mínimo, prova contrária à existência de Deus. Mesmo que outras fortes considerações votem "sim" quanto à existência de Deus, alega-se que o mal obviamente votaria "não" em tal eleição. Considero isso falso. A existência do mal é prova contra a existência de Deus somente se houver algum bom argumento válido no qual *O mal existe* seja uma premissa essencial (sem a qual o argumento seria invalidado), e em que *Deus não existe* seja a conclusão. (Yandell [1999] p. 125).[5]
>
> a) O que o autor quer dizer com "problema do mal" neste contexto? (5)
> b) O que é um "bom argumento válido"? Use exemplos para ilustrar sua resposta. (10)
> c) Construa um argumento do tipo que foi descrito, explicando por que cada premissa é necessária e como o argumento funciona. (15)
> d) Dê razões por que um argumento desse tipo pode ser questionado. (20)
>
> Suas respostas não devem somar mais do que 1500 palavras no total.

Para preparar o ambiente para quem não está familiarizado com a questão filosófica, há uma forma tradicional para o problema do mal, que está sendo questionada por Yandell.

As premissas, derivadas do pensamento corrente sobre Deus, são que Deus é:

- Onisciente
- Todo-Poderoso
- Amoroso
- Perfeito sob todos os aspectos

Mas consideradas em conjunto, elas parecem excluir a possibilidade de que ele possa ter criado um mundo que contenha sofrimento e males para os seres capazes de sofrer. Portanto, argumenta-se, Deus, conforme a concepção tradicional, não existe. Assim, as abordagens ao problema do mal ou buscam encontrar um modo de questionar as premissas, ou encontrar uma falha no argumento, ou aceitar o problema como um problema crítico para quem afirme a existência de Deus.

Isso é o que se conhece como uma questão estruturada. Todas as questões têm uma estrutura, assim como todas as respostas. Contudo, em alguns contextos você constatará que se lhe apresenta uma questão que orienta a abordagem a ser tomada. Isso pode ser muito útil e ajudar bastante se você usar a oportunidade para entender a lógica do argumento que estiver construindo. Vamos desenvolver um exemplo aqui.

Esse tipo de questão estruturada pode ser usado em ensaios na primeira parte de um curso ou um exame. É similar em sua forma aos tipos de questão que você talvez tenha encontrado se já estudou filosofia antes. Apesar dessa similaridade, precisamos certificar-nos de que nossa resposta esteja em um nível de profundidade para o trabalho universitário, demonstrando uma consciência crítica da natureza aberta dos debates que subjazem aos pontos que são defendidos.

Os números entre parênteses depois de cada questão indicam o número máximo de pontos que podem ser obtidos por questão. Isso ajuda a planejar a distribuição do número de palavras e nos dá uma ideia do nível de análise da resposta. Vale a pena notar que simplesmente dividir o número de palavras pelo número de pontos nem sempre é adequado – se uma determinada questão requerer alguma exegese de um argumento, necessariamente precisará de um certo número de palavras. Contudo, são as questões analíticas que lhe darão mais pontos, mesmo que elas possam ser respondidas em menos palavras, por exemplo pelo uso da notação lógica.

A questão exige de nós algum conhecimento de filosofia da religião, mas o autor e o elaborador da questão estão também buscando ver se você entende bem os argumentos em si. Essa questão poderia ter sido levantada em um curso sobre pensamento crítico que tivesse abordado o problema do mal como um exemplo ou como um curso introdutório à filosofia da religião. Imaginemos que se trate do primeiro caso, concentrando-nos nos argumentos e em suas formas e também no contexto em que essa questão surge.

Precisamos então verificar a fonte da citação, caso haja referência a ela, e ver o que mais o autor tem a dizer. Também precisamos verificar o que já estudamos em relação à natureza dos argumentos, que, em certa medida, já foram abordados neste livro. Não é apropriado simplesmente escrever o que pensamos – precisamos dar respostas pensadas, acadêmicas e, quando for o caso, indicar a referência.

Leia as quatro questões do ensaio e busque a estrutura geral. Vale a pena observar, antes de começarmos, que há uma unidade: pede-se que inicialmente apresentemos uma resposta que envolva definições e exposições, para que depois construamos um argumento próprio e finalmente examinemos tal argumento criticamente. Também vale a pena pensar assim quando fizermos ensaios mais longos. Se para você é difícil pensar em um ensaio com apenas uma questão ou um ponto central em termos de estrutura puramente lógica, tente subdividi-la em uma série de pontos menores. Mas, ao fazê-lo, nunca se esqueça da estratégia essencial da escrita de ensaios, que é *responder à pergunta que se fez e não à que você gostaria de responder*.

É altamente improvável que se espere que você use o mesmo argumento, evidência ou teoria em mais de uma das partes de sua resposta. Se achar que isso é possível, dê outra olhada nas questões e considere a importância relativa de cada uma delas de acordo com os pontos destinados a cada uma. Preste também atenção ao direcionamento geral das questões. Em nosso exemplo, fica claro que as questões pedem que enfoquemos a forma do argumento tanto quanto o conteúdo. Ao responder, precisamos demonstrar ter ciência desse fato.

A parte "a" pede um relato bastante direto do problema do mal. Dez por cento dos pontos a serem recebidos (o que não é pouco) estão nessa questão. Por isso, uma só frase não será suficiente. Comecemos com um rascunho baseado na distinção que julgarmos relevante:

> O mal é em geral considerado problemático para quem acredita na existência de um deus benevolente, todo-poderoso e onisciente. O problema pode ser apresentado em uma série de questões voltadas àqueles que acreditam nesse deus: "Como pode um deus que a todos ama permitir que o mal exista? Se ele existe e se opõe ao mal, como pode haver mal no mundo?". Se essas questões não forem respondidas, fortalece-se o argumento contra a existência de Deus, já que a existência do mal é incompatível com a existência de Deus e das características a ele inerentes (99 palavras).

Essa pode ser uma resposta razoavelmente boa, mas vamos analisá-la mais de perto. Respondemos à pergunta que foi feita? Não, pois a questão fez referência ao autor, Yandell, e também pediu que analisássemos o contexto: algo que não fizemos. Precisamos voltar à fonte. Em especial, pense sobre por que o parágrafo do texto foi apresentado. Ele sugere que precisamos prestar atenção à *maneira* como o autor trata do problema do mal. Como o texto indica, o autor está interessado em buscar maneiras filosoficamente robustas de expressão do problema. Além disso, se analisarmos a fonte, descobriremos que ele faz uma distinção entre o que chama de problema *pastoral* do mal, isto é, o problema do que devemos fazer em face do mal; a construção teológica de uma *teodiceia*, isto é, um relato de por que Deus permite a existência do mal; e o problema *filosófico* da própria existência de Deus, dada uma possível contradição entre a natureza deste e um mundo em que haja o mal. O autor também argumenta que há algumas soluções possíveis para o problema, que envolvem a limitação dos poderes de Deus, as quais não estão disponíveis para nós se desejarmos lidar com um deus que preencha os critérios estabelecidos nos textos tradicionais sobre sua natureza. No mesmo capítulo, o autor passa a explorar as diferentes formas de argumento com premissas e conclusões alternativas, explorando também os pontos fracos e fortes de cada uma delas.

Dito isso, tentemos responder novamente:

> Embora o problema do mal pareça de fácil descrição, não é. Yandell aborda-a como uma questão filosófica que deve ser separada das questões sobre como encaramos o mal (um tema pastoral) e do exame teológico da natureza do mal (uma teodiceia). Conforme o trecho citado indica, o autor está interessado em encontrar uma maneira *logicamente* aceitável de expressar e de explorar os argumentos que demonstram que a existência do mal está em conflito com a existência de Deus. O autor não pensa ser óbvio que tal argumento possa ser prontamente construído. Ele em primeiro lugar o considera simplesmente um argumento congruente. As frases "Deus existe" e "o mal existe" não são em si mesmas logicamente incongruentes, e novas premissas são exigidas. Quais são essas premissas e como elas devem ser usadas, é o que torna o problema do mal interessante aos filósofos. (139 palavras).

Há ainda o que melhorar nessa resposta, deixando-a mais concisa, mas a tentativa já foi bastante boa.

Voltemo-nos agora à questão "b". No texto, o autor diz que somente "um bom argumento válido" poderá expressar o problema do mal. Nessa questão, pede-se que digamos mais explicitamente o que isso quer dizer. Em "a", concentramo-nos em demonstrar nossa compreensão do uso que o autor faz dos termos. Aqui temos de dar uma resposta, sem que nos digam explicitamente que o façamos no contexto da filosofia da religião. Como já vimos, os argumentos são fundamentais para a filosofia. Por isso, argumentos válidos e bons são uma característica da boa filosofia. Por isso, precisamos verificar se conhecemos três coisas e se as podemos demonstrar:

- O que são argumentos.
- O que são argumentos válidos.
- O que são argumentos bons (verdadeiros).

Só depois poderemos demonstrar que entendemos como eles se encaixam. Novamente você precisará verificar suas anotações e as leituras recomendadas, com cuidado. Podemos usar uma boa citação sem que haja plágio das anotações do curso ou dos livros-textos?

Já sabemos que um argumento envolve expressarmos algum tipo de inferência; envolve demonstrarmos o modo como passamos da proposição de um fato (proposição declarativa) a uma conclusão, que seja outra proposição do mesmo tipo. E há um modo fundamental de dizer o que é uma forma de argumento válido: é o argumento em que não podem as premissas ser verdadeiras e a conclusão, falsa. Mas, se prestamos atenção a nosso curso sobre pensamento crítico e lógico, observaremos, nesse ponto, que essa é uma definição para um argumento *dedutivamente* válido.

Não importa muito se agora você não sabe o que isso quer dizer. O que está em questão é que estamos em condições de demonstrar nossa compreensão ao leitor, mostrando que o autor não está sendo preciso o suficiente no que diz. Estamos fazendo uma pequena crítica que realmente vai ao ponto central do que é dito. Ser capaz de fazê-lo é algo valioso para que escrevamos melhor e para que demonstremos nosso envolvimento com a questão. Por isso, precisamos certificar-nos de expressar isso em nossa resposta.

O fato de os argumentos serem bons ou não é algo que já examinamos no Capítulo 2, "Lendo filosofia". Um argumento pode até ser válido, mas se uma ou mais de suas premissas forem falsas, independentemente do argumento, não poderemos confiar que sua conclusão seja verdadeira. Um bom argumento tem uma forma válida, mas também premissas válidas e, portanto, uma conclusão verdadeira.

Por isso estamos em condições de começar logo com uma definição. Contudo, a questão pede que usemos exemplos para ilustrar nossa resposta. Isso pode parecer um problema, já que temos que trabalhar mais para construí-la. Contudo, os exemplos são maneiras perfeitas de esclarecer um ponto, para nós e para os outros, e devemos considerá-los como uma oportunidade para envolvimento maior com o trabalho e para demonstrar nosso conhecimento.

Abaixo está uma amostra de uma resposta para "b":

Um argumento é uma inferência que se retira de um conjunto de proposições declarativas, as premissas, para se chegar a outra proposição declarativa, a conclusão. Há duas formas básicas na lógica, a dedutiva e a indutiva. Embora Yandell não o diga, no contexto do problema do mal ele está buscando argumentos *dedutivos* válidos e bons. Um argumento válido *não pode* ter premissas verdadeiras e uma conclusão falsa. Em um bom argumento as premissas são satisfeitas por um estado de coisas no mundo, i. e. podem ser consideradas verdadeiras. Assim, um argumento (dedutivo) bom e válido será aquele em que há uma inferência, feita a partir das premissas verdadeiras e que chega até uma conclusão também verdadeira, derivada da própria forma do argumento. Podemos ilustrar essas ideias da seguinte maneira:

"Hoje é terça-feira?" e "Cuidado!" não podem ser partes de um argumento porque não são proposições declarativas. "Martin Shaw é ator", "Fumar causa câncer" e "Deus não existe" podem ser, e poderiam ser verdadeiras ou falsas, dependendo de como as coisas são na realidade.

Argumento válido:
Premissa 1: Todos os *daleks* são compassivos.
Premissa 2: Sec é um *dalek*.
Conclusão: Logo, Sec é compassivo.

O argumento é válido porque, se as premissas forem consideradas verdadeiras, a conclusão também o será. É válido por causa de sua forma, não porque as premissas sejam de fato verdadeiras (daleks de fato não existem).

O argumento a seguir é *válido* e *verdadeiro* porque as premissas *são* verdadeiras e, portanto, a conclusão também é:

Premissa 1: Margaret Thatcher foi a primeira-ministra britânica entre 1979 e 1990
Premissa 2: Quem ocupa o cargo de primeiro-ministro britânico é também Primeiro-Secretário do Tesouro.
Conclusão: Logo, Margaret Thatcher foi Primeira-Secretária do Tesouro entre 1979 e 1990
(298 palavras)

Mesmo que você, no início, não tenha entendido muito bem o que estava fazendo, agora já deve ter uma boa noção do que sejam suas respostas. Yandell quer explorar o problema do mal de maneira clara e lógica. Respondemos "a" e "b" e começamos a explorar o próprio problema e qual a forma que o problema poderia ter para Yandell. Agora dedicaremos nossa atenção a "c", que nos pede para aplicar ideias de "a" e "b" para criar bons argumentos que preencham os critérios de Yandell. Não apresentaremos um exemplo de resposta aqui. Nesse momento, é bom que você pense sobre como resolver a questão por conta própria. Novamente basta aplicar as regras fundamentais. Algo um pouco mais profundo será necessário, comparado com o que já escrevemos antes, pois há mais pontos em disputa, isto é, a questão tem maior peso. Precisamos verificar nossa leitura e nossas notas para ver se o que já sabemos poderá nos ajudar. Então o que você pode escrever? Vale a pena ter em mente que a questão pede que você critique o argumento que construir em "c" como resposta em "d"; o que você disser em "c" deve estar aberto a análise posterior, mas ainda não é o momento de escrever o aspecto crítico do argumento.

A questão "d" pede que você avalie criticamente o sucesso de seu trabalho em "c". Efetivamente, pede-se que você apresente os prós e contras de uma forma do problema do argumento do mal, usando as ideias já exploradas.

Já vimos que há certa habilidade em obter-se o tipo correto de informações em uma série estruturada de respostas. Elas não se dão diretamente, mas em geral oferecem uma oportunidade para enfocar as partes específicas de um argumento filosófico na teoria. E as estratégias que tínhamos explorado aqui se aplicam a muitos contextos da escrita filosófica em geral.

AVALIAÇÃO E *FEEDBACK*

A função da avaliação

Já que a maior parte dos ensaios e artigos que você escrever será avaliada, é útil considerar para que serve a avaliação na filosofia. Boa parte deste capítulo explorou modos pelos quais você pode maximizar seu desempenho em termos do que os outros pensam sobre sua escrita, mas você não deve se esquecer do papel da escrita na compreensão e no exame crítico de seu próprio trabalho. Avaliar o seu próprio trabalho é tão importante quanto à avaliação feita por outra pessoa, caso você queira aproveitar ao máximo seu tempo e o esforço que fez para escrever.

Ser avaliado é mais do que obter uma nota para passar em uma determinada disciplina. Na verdade, é possível dividir o processo em dois:

- **Avaliação formativa:** observação de trabalho e ideias à medida que você os desenvolve; *feedback* sobre como poderá melhorar no futuro.

- **Avaliação cumulativa:** ajuizamento de seu desempenho, em que, na maioria das vezes, há atribuição de nota para indicar seu nível de sucesso.

É possível notar que esses dois processos não são mutuamente exclusivos: a avaliação cumulativa pode às vezes dar-lhe um *feedback* útil. Na verdade, será crucial para o seu desenvolvimento acadêmico que você aprenda a evoluir a partir do que já realizou em seus trabalhos escritos, aprimorando sua habilidade filosófica. Assim, nesse sentido, tudo o que você escrever antes de seus exames finais ou trabalhos, seja para avaliação ou não, pode ser considerado formativo. Se esse for o caso, porém, você precisará pensar com muito cuidado sobre o que fazer com seus trabalhos quando os receber de volta do professor.

Por que se preocupar com o *feedback*?

Suponhamos que você tenha finalizado seu primeiro trabalho e o entregado ao professor. Algum tempo depois, ele o devolve. O que fazer com o trabalho?
Às vezes acontece de apenas olharmos a nota e deixarmos o ensaio de lado. Afinal de contas, o trabalho já foi feito, pensamos nós, e o que mais é preciso fazer? É claro que não faz muito sentido reler o ensaio – especialmente se sua nota for mais baixa do que você esperava.
Essa espécie de reação é comum, mas equivocada. Ela não leva em conta o fato de que os trabalhos finalizados e avaliados são outra fonte que podemos usar para estudos futuros. Além de avaliar seu ensaio, o professor terá acrescentado comentários escritos para lhe dar *feedback* em relação a como melhorar seus trabalhos no futuro. Se você desconsiderar tais comentários, estará jogando fora o tempo de seu professor e perdendo uma fonte valiosa de orientação para sua aprendizagem. É tolice começar seu próximo ensaio sem que tenha aprendido tudo o que podia com o anterior – *especialmente* se sua nota for inferior ao que você esperava.
Ainda assim, você pode pensar que não há muito a aprender com o trabalho anterior – que provavelmente tratou de um assunto completamente diferente de seu próximo ensaio; e em que essa avaliação e comentários acerca de um ensaio sobre a teoria da mente de Descartes poderão ajudá-lo a preparar um ensaio sobre a ética de Kant? Admite-se que uma melhor compreensão da teoria de Descartes não seja muito útil nesse caso, mas poderá ser útil para os exames de fim de ano ou para outras disciplinas. Além disso, como enfatizamos ao longo deste livro, a filosofia não trata apenas da compreensão de teorias importantes: é também o desenvolvimento de habilidades críticas de análise – que podem ser aplicadas igualmente bem em qualquer área da

filosofia. Por isso é possível que você aprenda bastante com os comentários de seu professor acerca de sua habilidade filosófica – o que poderá ser levado em consideração nos próximos trabalhos.

Vale a pena obter tanto *feedback* quanto possível sobre os pontos fortes e fracos de seus trabalhos, de maneira que você possa aprender com isso e continuar a melhorar no futuro. Nas próximas seções deste livro, consideraremos o modo como você pode obter um bom *feedback* sobre seus trabalhos e sobre como fazer melhor uso dele.

Fontes de *feedback*

Talvez a fonte mais óbvia de *feedback* sejam os comentários de seu professor sobre seus trabalhos escritos. Centraremos nossa atenção nisso, pois aí está algo especialmente projetado para lhe dar um *feedback* formativo. Também tem a vantagem de ser um registro formal e escrito que poderá consultar sempre que julgar adequado. Contudo, é importante lembrar que há uma série de outras maneiras pela qual podemos receber retorno sobre nosso trabalho, menos formais, mas talvez mais valiosas.

Conforme discutimos no capítulo anterior, os seminários são uma grande oportunidade para você testar o seu pensamento filosófico. Quando você levanta uma questão para discussão, seus colegas de seminário respondem? Eles entendem o que você pergunta? Concordam com seu ponto de vista? Que razões dão para suas respostas? As razões apresentadas são boas? Todo esse processo lhe dá um bom retorno sobre a eficácia de sua aprendizagem e do desenvolvimento da expressão de suas ideias.

É importante não esquecer que o *feedback* de seus colegas é tão útil quanto o de seu professor. Em geral é só quando tentamos explicar uma questão a alguém que de fato temos ideia do quanto dominamos o assunto – e, é claro, desenvolver essa compreensão é precisamente o objetivo a ser alcançado em seus trabalhos de filosofia. Assim, se você tiver a oportunidade – se tiver um amigo disposto, por exemplo – é útil pedir a ele que leia seu resumo (se ele estiver estudando em outra área, o teste será ainda melhor). Caso seu leitor não entenda o argumento do trabalho, provavelmente temos o indicativo de que precisa aprimorar o que escreveu.

Seja criativo ao buscar *feedback*. A seguir, estão algumas sugestões – você consegue pensar em outras fontes ou métodos para buscar *feedback* sobre seus trabalhos?

Uma observação, porém: tenha cuidado com o modo *como* obterá e usará o *feedback* sobre seu trabalho. É permitido – na verdade, é algo a ser valorizado – comparar suas notas sobre os rascunhos dos trabalhos com seus colegas; contudo, não é permitido usar ideias de outros alunos e apresentá-las como se fossem suas – isso constitui "cola" (fraude ou plágio). Para maiores

		Quem?	
		Professores	**Colegas**
Como?	**Escrito**	• Notas e comentários aos trabalhos • Discussões via *e-mail*, *blogs*, etc.	• Comentários sobre rascunhos dos ensaios (ver abaixo) • Discussões via *e-mail*, *blogs*, etc.
	Como?	• Discussão em seminários • Aulas particulares / entrevistas com seu professor	• Discussões em seminários • Grupos de estudo

orientações sobre o assunto, veja a seção anterior deste capítulo intitulada "Como evitar o plágio"; o seu departamento também dará orientações sobre as diretrizes e os regulamentos de sua universidade no que diz respeito a esse assunto.

Entendendo o *feedback*

"Agora que já recebi *feedback*, o que fazer com ele?"[6] A resposta não é tão óbvia como poderíamos pensar ou esperar. Por isso, vamos explorar o assunto mais detalhadamente.

Muitas das orientações oferecidas a seguir podem ser resumidas na frase: trate o *feedback* como trataria qualquer outro recurso na filosofia, isto é, analise-o, a fim de fazer uso dele mais eficazmente. Os comentários gerais apresentados adiante são uma elucidação de como isso poderia ser aplicado ao *feedback* em particular, identificando algumas áreas comuns a serem consideradas.

Calibragem: como comparar o feedback às suas expectativas

Um bom exercício é avaliar seu trabalho por conta própria, independentemente de (e idealmente antes) de qualquer *feedback* formal que receber de seus colegas e professores. *Você* acha que o trabalho é bom? Quais são seus melhores aspectos, e por quê? Que nota você acha que o trabalho merece?

Agora compare isso ao que os outros lhe disseram. Você ficou surpreso (positiva ou negativamente) pelo *feedback* de seu professor? Em que medida a avaliação dele diferiu da sua?

Esse exercício o ajuda a analisar sua própria compreensão do que se espera de você. Se houver uma distância significativa entre a sua própria avaliação e a de seu professor, poderá usar esse *feedback* para calibrar ou afinar sua compreensão do que se pede de você na filosofia, e isso, por sua vez, deve ajudá-lo a enfocar e desenvolver seu trabalho filosófico com maior eficácia no futuro.

Alguns exemplos para esclarecimento:

- Você achou que havia entendido alguma ideia em particular de maneira imediata e depois constatou que seu professor corrigiu o que você havia dito? Ou, ao contrário, teve a impressão de que não havia entendido muito bem alguma ideia, mas seu professor louvou seu esforço? Isso pode ajudá-lo a sentir se identificou ou não o nível adequado de análise do argumento, tanto na leitura quanto na escrita.
- O seu professor elogia algum aspecto de seu ensaio – levando-o a pensar que sua nota será alta – mas lhe dá uma nota mais baixa e crítica o que você *não* disse? (Pode ser que você tenha dado uma boa explicação de uma teoria, mas não tenha feito uma análise sua – ou vice-versa.) Isso o ajudará a desenvolver um sentido da importância relativa da explicação descritiva e da avaliação crítica na filosofia, por exemplo. Isso pode ser especialmente importante se estiver acostumado a escrever ensaios para outras disciplinas – o que é um bom ensaio em literatura ou psicologia pode não ser em filosofia, e vice-versa.
- Você tem a impressão de que seu professor interpretou mal seu trabalho? Se esse for o caso, terá o ônus de explicar suas ideias mais claramente e sem ambiguidades. Seu professor pode de fato não ter entendido o que você quis dizer – e isso não é intencional, mas sim um indicador de que sua exposição não era clara como você pensava. Seu trabalho precisa demonstrar o que você compreendeu; seu professor não deveria precisar preencher lacunas em seu trabalho. Por isso, não deixe de ser explícito ao expressar suas ideias. Tente identificar a fonte do problema – por exemplo, você não omitiu algumas informações? Suas ideias não estão menos precisas do que você pensava? Isso deve ajudá-lo a desenvolver uma noção mais clara do que você precisa fazer para comunicar suas ideias mais eficazmente no futuro.

Identificando pontos fortes e fracos

Em geral é fácil – para você e para seu professor – enfocar o que deu errado. Os erros tendem a "saltar" da página e chamam a atenção, ao passo que aquilo que estiver correto, não. Os erros também exigem sua atenção em outro sentido, na medida em que você precisa mudar ou fazer alguma coisa para que eles sejam corrigidos, ao passo que aquilo que estiver certo não precisa ser mexido.

Essa análise ajuda-nos a entender por que o *feedback* em geral enfoca os aspectos negativos do trabalho. Talvez seja difícil reagir de maneira construtiva a isso – as críticas são sempre difíceis. Por isso tentamos evitá-las. E quando as recebemos, sentimo-nos sem poder e pouco motivados.

Por essa razão, é importante dedicar seu esforço para identificar pontos fracos e pontos fortes também em seu trabalho. O que você fez certo – o que fez com que você ganhasse os pontos que ganhou? Às vezes, isso será claramente indicado, quando o professor, por exemplo, diz que seu trabalho estava "bem organizado" ou que "a pesquisa foi minuciosa". Outras vezes, ficará implícito. Que aspectos de seu trabalho mereceram um sinal de "visto", mas não receberam comentários? Isso talvez indique que seu professor não tinha nada a acrescentar porque você demonstrou todos os aspectos filosóficos necessários ao trabalho.

É fácil ignorar esse passo, mas é importante marcar seus pontos fortes, de maneira que você possa seguir no caminho de aperfeiçoá-los ainda mais. É só em relação a esse retorno que você poderá efetivamente abordar seus pontos fracos – de outra maneira, você corre o risco de mudar sua abordagem para corrigir seus erros e descobrir, mais tarde, que também solapou seus pontos fortes. Por exemplo, não será de grande benefício responder a um comentário que diga "fale mais sobre o que pensa" se, ao fazê-lo, você negligenciar parte de seu trabalho que tenha provocado um comentário como "bom resumo do material", pois saber resumir bem o que se estuda é também um critério fundamental para obter boas notas em seus trabalhos de filosofia.

Saiba que seus professores tendem a dar maior retorno àqueles alunos que se envolvem mais com as tarefas. Se seu trabalho já é de alto nível, seus professores talvez peçam que você se envolva com tarefas mais profundas. Isso ocorre porque eles querem que você continue a melhorar, e então reagem a seus trabalhos de uma forma que poderiam reagir a um artigo de um colega da academia. Assim, se você tiver a impressão de que seus argumentos cuidadosamente armados estão sendo sistematicamente desmontados de maneira pouco solidária por seu professor, isso pode ser um sinal de respeito, mais do que de uma indicação de que você não está no caminho certo (é claro que isso só vale quando sua nota for alta!).

Talvez você julgue útil categorizar o *feedback* sistematicamente em comentários positivos e negativos e comparar diferentes conjuntos de *feedback* – isso vai ajudá-lo a identificar padrões pontos fortes e fracos. Seu departamento poderá usar um "formulário padrão" para o *feedback* – se esse for o caso, a tarefa ficará ainda mais fácil, pois o formulário terá sido projetado para especificamente categorizar o *feedback* em áreas-chave, e você pode comparar diretamente, digamos, o *feedback* da área "apresentação" relativa a cada trabalho, há também várias ferramentas disponíveis que auxiliam a análise do *feedback* – ver o Capítulo 6, "Recursos", para outras sugestões.

Por exemplo, talvez tanto o seu professor de Ética quanto os comentários sobre o seu ensaio sobre Descartes sugiram que você levantou alguns aspectos individuais importantes, mas que é difícil seguir a linha de seu argumento – o que pode indicar que seus trabalhos estão identificando as questões corretamente, mas que a organização das ideias ainda não está clara e coerente.

Lidando com áreas de incerteza

Essas sugestões todas dependem de uma hipótese fundamental – que você entenda o *feedback* recebido. Infelizmente isso nem sempre ocorre. Os comentários escritos sobre os seus trabalhos tendem a ser muito breves? Você já encontrou um ponto de interrogação, colocado pelo professor, ao final de uma frase sua? Você não entende a letra do professor?

A melhor regra é sempre a seguinte: se não entender, pergunte. Se preferir, consulte seus colegas primeiro – eles tiveram *feedback* similar ao seu? Entendem o significado do que o professor escreveu? Não tenha medo de falar com seu professor – o comentário do professor em seu trabalho é uma maneira de ele mostrar que deseja que você aprenda com ele e buscar esclarecimentos é envolver-se em diálogos acadêmicos, o que é parte da vida universitária em geral e da filosofia em particular.

Usando o *feedback* recebido

O trabalho analítico deve ajudá-lo a construir um quadro mais claro de seus pontos fortes e fracos. Mas esse quadro por si só não transformará esses pontos fortes e fracos de um dia para o outro (ou para falar em termos filosóficos, a compreensão é necessária, mas não suficiente para garantir o seu aperfeiçoamento como aluno: você também precisa agir).

Neste contexto, falar em *feedback* é algo estranho, pois *feedback* é algo que se volta ao passado, a algo já feito. Deveríamos pensar no futuro, e não no passado. Como usar o que você já aprendeu para ampliar sua aprendizagem?

O enfoque aqui estará naturalmente em responder aos comentários críticos recebidos. O *feedback* positivo também identificará pontos de ação, em termos de aspectos que você deseja continuar a praticar. Novamente, nesse contexto, o termo "crítica" pode ser visto como um problema – o objetivo do *feedback* não é criticá-lo, mas dar-lhe indicadores para você melhorar: a intenção é ajudar, e não machucar. Sua tarefa como aluno é responder a ele positivamente e saber lidar com os pontos fracos identificados pelo professor.

Às vezes, a ação necessária estará já implícita no próprio *feedback*. Se os comentários do professor incluírem palavras como "digressão" ou "não relevante", tome medidas para concentrar-se mais no que a questão pediu. Por exemplo, escreva o título do ensaio em todas as páginas do trabalho e, em todo o parágrafo que escrever, pare e pergunte-se como tal parágrafo pode contribuir para responder à questão feita pelo professor. Se adequado, identifique ferramentas adicionais que o ajudem a tomar as medidas necessárias – por exemplo, você precisa saber mais sobre como referenciar os trabalhos? Onde encontrar essas informações? O Capítulo 6, "Recursos", é um bom ponto de partida.

Se você não tem certeza sobre qual ação é necessária, aconselhe-se com seu professor – não é bom dispensar o *feedback* só porque você não sabe como reagir a ele. Contudo, será às vezes apropriado priorizar seus esforços:

- Que pontos fracos são mais frequentemente identificados em seus trabalhos?
- Que pontos fracos têm efeito mais significativo sobre seu desempenho?

Em geral, isso ficará óbvio. Para dar um exemplo extremo: erros ortográficos ocasionais serão frequentemente corrigidos por seu professor, mas não reduzirão de modo sensível sua nota; contudo, a falta de referências às fontes pode fazer com que seu trabalho seja reprovado por plágio. Outro fator a considerar quando for necessário priorizar sua resposta ao *feedback* pode ser, "quanto precisarei estudar para corrigir meus pontos fracos?" – os erros ortográficos constituem um bom ponto para começar, já que são relativamente de simples resolução. Às vezes o significado de um determinado problema é menos óbvio – por exemplo, pontos fracos no que diz respeito à gramática variam desde o trivial até aqueles que seriamente prejudicam a clareza do argumento.

RESUMO

Este capítulo apresentou uma visão geral do que quer dizer escrever filosoficamente a partir das habilidades já praticadas pelo aluno por meio de leitura, anotações e discussões. O capítulo demonstrou como você pode construir seus próprios argumentos e criar o seu próprio trabalho filosófico, como parte de um contexto maior da escrita filosófica.

Também apresentamos vários exemplos para o desenvolvimento da escrita de ensaios e artigos, e para a aplicação de técnicas de crítica filosófica e de análise de argumentos ao seu próprio modo de escrever, de maneira que você possa melhorar sua capacidade filosófica cada vez mais, trabalho a trabalho. Ao tomar parte desse processo de aprendizagem contínua, você está no caminho para se tornar um filósofo.

NOTAS

1. www.leeds.ac.uk/arts/studyskills/learningandteachingatuniversity/ media/AssCode%20Marking%20criteria%20%20descriptors.doc
2. Gower, Barry S., 'The environment and justice for future generations' in Cooper, David E. and Palmer, Joy A. (eds) (1995), *Just Environments, Intergenerational, International and Interspecies Issues*. London: Routledge, p. 49

3. 'Exegese' é um termo acadêmico que você encontrará bastante – significa, *grosso modo*, a interpretação e a explicação de um texto.
4. Esta é uma explicação *muito* incompleta da teoria de Leibniz. Como sempre, você precisará fazer sua própria pesquisa para ampliar a sua compreensão – o que temos aqui é um esboço de um ensaio, não um argumento desenvolvido
5. Yandell, Keith E. (1999), *Philosophy of Religion*. London: Routledge, p. 125.
6. Esta é uma citação direta de um aluno do primeiro ano, *in* Burke, Deirdre (2007), 'Engaging students in personal development planning: profiles, skills development and acting on feedback'. *Discourse* vol. 6, no. 2, p. 124.

6
Recursos

O aluno de uma universidade tem acesso a uma grande variedade de recursos. Neste capítulo, analisaremos os tipos de recursos que você poderá usar e mostraremos como obter o máximo deles.

Os dois lugares mais comuns quando pensamos em recursos são a biblioteca e a Internet. Além deles, há vários tipos de sistemas de apoio nas universidades, os quais o ajudarão a aproveitar ao máximo seu tempo de estudo.

Este capítulo finaliza com uma breve seção sobre termos filosóficos úteis que você provavelmente encontrará durante o curso.

RECURSOS DA BIBLIOTECA

As bibliotecas de sua universidade dispõem de uma ampla variedade de recursos, tanto livros e revistas científicas quanto textos em forma eletrônica, como CD-ROMs, banco de dados para assinantes e material *on-line*. O *site* da biblioteca provavelmente lhe oferecerá uma boa ideia do que está disponível. Também certamente haverá bibliotecários especializados em sua matéria, que poderão apontar os recursos mais adequados para o assunto que você estiver pesquisando e ajudá-lo a economizar tempo no processo de pesquisa.

Uma boa ideia é familiarizar-se com a biblioteca o mais rapidamente possível, pois precisará passar um bom tempo lá caso queira fazer um bom curso. Boa parte das bibliotecas oferece cursos para alunos novos, explicando como usar o catálogo e onde encontrar os livros e as revistas científicas para o tema que estiver pesquisando, e nós aconselhamos que você participe dessas sessões em sua instituição.

Livros

A biblioteca terá provavelmente uma boa seleção de livros de filosofia e é bastante improvável que os textos de sua lista de leitura não estejam na biblioteca; os professores, antes de indicar a leitura de determinados livros, verificarão se a biblioteca dispõe dos textos indicados e, quando, se prevê uma alta procura por determinado livro, é provável que o título seja colocado em uma lista de empréstimos curtos ou de alta procura, de maneira que todos os alunos tenham acesso a ele.

Se você tiver algum problema para obter algum livro, boa parte das bibliotecas oferece um formulário para você preencher e pelo qual elas poderão comprar o livro futuramente. Tal procedimento, contudo, é caro e, apesar de boa parte das bibliotecas dispor de subsídios, talvez você tenha de contribuir com alguma taxa.

Uma alternativa é descobrir se há outras bibliotecas (perto de sua própria universidade ou de sua casa) que você possa frequentar. Se esse for o caso, pergunte ao responsável se pode usar os serviços de tal biblioteca – muitas delas dispõem de um intercâmbio que possibilita aos alunos de outras instituições o uso de seus serviços. Pergunte ao bibliotecário de sua universidade sobre o assunto.

Além dos livros em suas listas de leitura, recomendamos os livros a seguir, independentemente dos filósofos e dos assuntos que sejam estudados em seu curso.

Dicionários especializados e enciclopédias

Podem ser úteis para se ter uma visão geral sobre determinado assunto e frequentemente oferecem sugestões de textos clássicos da área e para leituras futuras:

- Audi, R. (ed.) (1995), *The Cambridge Dictionary of Philosophy*.
- Cambridge: Cambridge University Press.
- Blackburn, S. (2005), *The Oxford Dictionary of Philosophy*.
- Oxford: Oxford University Press.
- Craig, E. (ed.) (1998): *Routledge Encyclopedia of Philosophy*.
- London, New York: Routledge.
- Flew, A. (ed.) (1984), *A Dictionary of Philosophy* (2nd rev. edn).
- London: Pan in association with the Macmillan Press.
- Honderich, T. (ed.) (2005), *The Oxford Companion to Philosophy*. Oxford: Oxford University Press.
- Mautner, T. (ed.) (1998), *The Penguin Dictionary of Philosophy*.
- Harmondsworth: Penguin Books Ltd.

Veja o item "recursos da internet" adiante para enciclopédias de filosofia *on-line*.

Introduções à filosofia

Se você ainda não tem certeza se vai ou não estudar filosofia, este tipo de livro oferecerá maiores informações:

- Blackburn, S. (1999), *Think; A Compelling Introduction to Philosophy*. Oxford: Oxford University Press.
- Hollis, M. (1985), *Invitation to Philosophy*. Oxford: Blackwell
- Nagel,T. *(1987), What Does It All Mean? A Very Short Introduction to Philosophy*. London and New York: Oxford University Press.
- Warburton, N. (1999), *Philosophy: The Basics* (3rd edn). London: Routledge.

Guias de estudo de filosofia

Há alguns guias que cobrem áreas especificas do estuda da filosofia em maior profundidade:

- Guttenplan, S., Hornsby, J. and Janaway, C. (2002), *Reading Philosophy: An Introductory Text with Readers*. Oxford: Blackwell Publishers.
- Martinich, A. P. (1997), *Philosophical Writing: An Introduction*. Oxford: Blackwell Publishers.

Livros sobre pensamento crítico e lógica

Muitos alunos consideram a lógica mais difícil do que outras áreas da filosofia, mas há vários livros disponíveis que podem ajudar a tornar o assunto mais acessível:

- Fisher, A. (1998), *The Logic of Real Arguments*. Cambridge: Cambridge University Press.
- Tomassi, P. (1999), *Logic*. London; Routledge,
- Walton, D. (1989), *Informal Logic: A Handbook for Critical Argument*. Cambridge: Cambridge University Press.
- Weston, A. (2001), *A Rulebook for Arguments*. Indianapolis: Hackett Publishing Co.

Livros para estudos de caráter geral

Embora haja muitos aspectos do estudo da filosofia que requeiram orientações específicas (como, por exemplo, este livro), aqui estão alguns de caráter mais geral sobre os tipos de habilidades de estudo que você precisará desenvolver na universidade:

- Chambers, E. and Northedge, A. (1997), *The Arts Good Study Guide*. Buckingham: Open University Press.

- Race, P. (1998), *How to Get a Good Degree*. Buckingham: Open University Press.

Revistas científicas (periódicos)

A biblioteca provavelmente assina várias revistas científicas (ou periódicos) da área de filosofia. Quando uma nova edição de uma determinada revista científica estiver disponível, a biblioteca receberá uma cópia em papel ou, se o periódico for eletrônico, haverá acesso *on-line* a ele, em geral por meio de nome de usuário e senha.

Muitos dos itens de sua lista de leitura provavelmente serão artigos de periódicos, e alguns podem ter sido reeditados em antologias. Se você não encontrar a antologia, tente encontrar o periódico em que o artigo tenha sido publicado pela primeira vez.

Conforme foi mencionado, alguns periódicos estão disponíveis *on-line* e em papel, e sua biblioteca poderá dar-lhe maiores informações sobre os serviços *on-line* de que é assinante e sobre como acessá-los. Se houver algum item que a biblioteca não possuir, é possível preencher o formulário de requisição de livros.

Algumas revistas voltadas especificamente para os alunos de graduação:

- *The Richmond Journal of Philosophy:* www.rutc.ac.uk/rjp/
- *The British Journal of Undergraduate Philosophy:* www.bups.org/ pages/ bjup.shtml

Há muitos periódicos da área de filosofia publicados atualmente, e você pode agora estar querendo saber como ter acesso aos artigos relevantes à sua pesquisa. Uma maneira de fazer isso é verificar os sumários dos periódicos que digam respeito ao assunto pesquisado. Se você não tiver certeza sobre quais periódicos deve investigar, há vários bancos de dados que podem ajudá-lo a encontrar o que precisa. Consulte a biblioteca da universidade para maiores informações.

Bancos de dados

Havendo tantos livros, periódicos e artigos sobre filosofia disponíveis, os bancos de dados são uma ferramenta essencial. Listados aqui estão os maiores bancos de dados usados por quem trabalha com filosofia.

The Philosopher's Index

Trata-se de um banco de dados fundamental, regularmente atualizado e que contém informações bibliográficas e resumos (*abstracts*) escritos pelos autores dos artigos e uma ampla gama de artigos de periódicos e livros publicados no mundo inteiro desde 1940.

The Web of Science

Este banco de dados oferece acesso a uma gama de textos multidisciplinares e livros. O banco faz buscas no Science Citation Index (1900-até hoje), no Social Science Citation Index (1956-até hoje) e no Arts and Humanities Citation Index (1975-até hoje). Todos esses bancos de dados são atualizados semanalmente.

The British Humanities Index

Este banco de dados contém mais de 320 periódicos na área das humanidades, bem como revistas semanais e periódicos de qualidade. O banco cobre publicações do Reino Unido e de outros países de língua inglesa. É atualizado mensalmente.

Direitos autorais

Como aluno, você deve se interessar pelos direitos autorais a partir de dois pontos de vista: os direitos autorais relativos aos autores que lê e os relativos a seus próprios trabalhos. Direitos autorais são os direitos que protegem um autor de que seu texto não seja reproduzido livremente. As leis de direitos autorais passaram a existir para proteger autores que perderam dinheiro porque editores inescrupulosos imprimiam cópias piratas de suas obras sem pagar-lhes *royalties*.

Infringir os direitos autorais pode ser considerado plágio, mas há a diferença essencial em que você pode ser considerado culpado de infringir os direitos autorais de alguém mesmo quando indica sua fonte e em que você pode ser culpado de plágio mesmo quando a fonte não está coberta (ou não quer estar coberta) pelos direitos autorais. Isso ocorre porque há limites rigorosos sobre a quantidade de material que você pode copiar. É permitido citar material coberto pelos direitos autorais, para comentá-lo, mas há o entendimento (não escrito na lei) de que você não pode citar mais do que 400 palavras. É bastante improvável que você queira citar mais do que esse número de palavras em um ensaio de filosofia. Como apontamos no Capítulo 5, "Escrevendo filosofia", seu objetivo é demonstrar a sua capacidade de análise e argumentação, e não simplesmente copiar o que os outros disseram.

No que diz respeito a seus próprios textos, a posição usual é que você detém os direitos do que escreve, a não ser que tenha assinado um documento que explicitamente transfira seus direitos para a universidade. Normalmente, quando você entrega um ensaio ou realiza um exame, você dá à instituição o texto no material em que escreveu, mas a propriedade intelectual permanece sua.

Referências

Diferentes professores e departamentos têm métodos também diferentes para referenciar citações e trabalhos. Se o seu curso não lhe informar qual sistema de referencias utiliza, converse com seu professor. A seguir estão os detalhes sobre como usar os principais tipos de referências:

Modelo Harvard

Quando usar o modelo Harvard de referências, você deve listar todas as fontes que são citadas no ensaio, em ordem alfabética, na bibliografia. Quando você usar uma citação ou fizer referência a uma de suas fontes no corpo do trabalho, faça uma nota logo depois dela, entre parênteses, que contenha o sobrenome do autor, o ano em que o texto-fonte foi publicado e a página de onde você obteve a citação.

Por exemplo, em um ensaio sobre teoria moral poderia aparecer a seguinte frase:

> Simon Blackburn afirma que "não devemos teorizar sobre a moralidade e a ética como se elas tratassem de descrever aspectos do mundo" (Blackburn, 1996, 83).

Na bibliografia, a referência completa para esta citação é:

Blackburn, Simon, (1996), 'Securing the nots: oral epistemology for the quasi-realist', in Sinnott-Armstrong, Walter and Timmons, Mark, *Moral Knowledge: New Readings in Moral Epistemology*. Oxford: Oxford University Press.

Referências para notas de rodapé

Neste sistema, as notas de rodapé contêm todas as informações. Assim o exemplo anteriormente citado ficaria:

Simon Blackburn afirma que "não devemos teorizar sobre a moralidade e a ética como se elas tratassem de descrever aspectos do mundo".[1]

Quando usar esse sistema, uma vez dada a primeira referência, se você utilizar citações da mesma obra e do mesmo autor em seu ensaio, poderá apenas usar o sobrenome do autor e a página onde se encontra o texto citado. Por exemplo, uma referência posterior, no mesmo ensaio, ao mesmo autor ficaria assim:

> Como aponta Blackburn, a resposta correta à ameaça relativista é considerar o ponto de vista externo que aquele que faz a objeção pede que ocupemos (Blackburn, p. 89).

Se você usar mais do que um texto-fonte do mesmo autor em seu ensaio, também deverá incluir o título da obra (embora isso possa se dar de uma forma abreviada quando a referência é repetida e se o título for longo, desde que fique óbvia a fonte a que você está fazendo referência).

Se você acessar um periódico eletrônico que também seja impresso em papel, deve fazer referência à versão em papel. Se o periódico for publicado apenas eletronicamente, deve referenciá-lo como faria se se tratasse de um artigo em papel, mas acrescente a URL e a data de acesso ao artigo.

RECURSOS DA INTERNET

A Internet contém uma ampla gama de informações cujo acesso é livre (há outros recursos *on-line*, tais como banco de dados e periódicos *on-line* que não são gratuitos, exigindo um nome de usuário e uma senha. Esses bancos de dados serão abordados na seção sobre recursos da biblioteca). Alunos novos talvez não saibam por onde começar a buscar recursos de alta qualidade na área de filosofia e podem ficar tentados a usar recursos de caráter geral como a Wikipedia. Embora os artigos escritos nessa espécie de *site* possam ter um caráter informativo, não faça deles suas fontes definitivas. Pode ser difícil saber quais *sites* contêm informações confiáveis e quais são de qualidade inferior. Se você usar um mecanismo de busca para encontrar recursos sobre um determinado assunto, há vários procedimentos de verificação que poderá realizar para certificar-se de que os *sites* sejam confiáveis:

- O *site* informa sua data de criação, o autor e a última vez que foi atualizado?

---

[1] Blackburn, Simon, (1996), 'Securing the nots: oral epistemology for the quasi-realist', in Sinnott-Armstrong, Walter and Timmons, Mark, *Moral Knowledge: New Readings in Moral Epistemology*. Oxford: Oxford University Press, 1996, 83.

- Se o *site* foi criado por um indivíduo:
  - A pessoa que criou o *site* tem qualificações ou experiência suficiente para ser considerada um especialista na área?
  - Ela trabalha para uma instituição de ensino superior ou para qualquer outra organização de ensino de boa reputação?
- Se não houver autor identificado no *site*, mas a página fizer parte de uma organização, que espécie de organização é esta?
  - Uma universidade ou outra instituição de ensino? Se assim for, analise a página da instituição; trata-se de uma instituição confiável? Por exemplo, recebe financiamentos do governo ou de outra instituição? Se você usar um mecanismo de busca para encontrar informações sobre o autor, o *site* da instituição aparece entre os primeiros resultados?
  - Se o proprietário da página não faz parte de uma instituição de ensino, trata-se de:
    - Uma organização governamental?
    - Uma organização comercial?
    - Uma organização sem fins lucrativos?
    - Uma instituição de caridade?
    - Um indivíduo?
- O que qualifica o autor ou dono da página da fonte como especialista na área de sua pesquisa?
- As informações são apresentadas de forma equilibrada?
- O conteúdo da página é gramaticalmente correto?
- As fontes usadas são referenciadas de maneira adequada?

Se você usar algum recurso da Internet ao escrever seus ensaios, deverá referenciá-los como faria se sua fonte fosse um texto em papel. Há modos diferentes de fazer isso, e é bom verificar com o seu departamento qual o modo utilizado. Há dois pontos que você deve sempre levar em consideração:

1. incluir a URL completa e
2. incluir a data em que você visitou a página.

Embora haja muitos recursos confiáveis e úteis *on-line*, não listaremos muitos aqui. Isso porque o ritmo rápido de mudança indica que as páginas podem se desatualizar rapidamente ou mesmo desaparecer por completo. Contudo, os *sites* listados aqui existem há bastante tempo e são bastante conhecidos por sua alta qualidade e sua atualizações regulares. São *sites* que consideramos relevantes e que provavelmente o serão nos anos futuros. Eles também oferecem caminhos para muitos outros recursos úteis:

EpistemeLinks www.epistemlinks.com

Site bastante conhecido, presente na Internet desde 1997, categoriza *links* para recursos de filosofia na web de acordo com o filósofo, assunto e tipo de recurso, além de ter recursos próprios disponíveis ao visitante.

Stanford Encyclopedia of Philosophy (SEP) http://plato.Stanford.edu

A SEP é uma enciclopédia *on-line* que está disponível desde 1995. As entradas são mantidas e atualizadas por especialistas cujos trabalhos são julgados por um colegiado editorial. Isso quer dizer que o conteúdo da SEP é de alta qualidade, e muitos professores recomendam o *site* a seus alunos como uma complementação a livros em papel.

Internet Encyclopedia of Philosophy (IEP) www.utm.edu/research/iep

A IEP é similar à SEP, pois contém artigos originais de alta qualidade escritos por especialistas em filosofia.

Intute www.intute.ac.uk

Trata-se de um serviço financiado publicamente e que faz uso de especialistas para catalogar recursos *on-line* sobre várias disciplinas. Há entradas úteis sobre filosofia e ciências humanas em geral.

Google Scholar scholar.google.com

Recurso útil para quem está buscando artigos com revisão de pares, teses, livros, resumos e artigos, de editores acadêmicos, sociedades profissionais, repositórios pré-impressão, universidades e outras organizações acadêmicas. Você pode fazer a busca por palavra-chave ou por frases. O *site* permite que se faça a busca por vários critérios diferentes e traz informações úteis, tais como "citado por..." e "artigos relacionados".

SISTEMAS DE APOIO

Centros estudantis

Muitas instituições têm centros que apoiam o aluno, em geral chamados "centros de apoio ao aluno". Esses locais em geral oferecem cursos de curta duração, documentação e ajuda individual para resolver problemas que os alunos possam encontrar em seus estudos. Os centros em geral têm um *site* com informações sobre como melhorar suas habilidades de estudo e sobre onde buscar mais ajuda.

Centros para o desenvolvimento da carreira

Sua universidade em geral tem um centro para o desenvolvimento da carreira, onde você tem acesso a vários serviços. Boa parte desses centros oferece eventos, módulos de estudo, *workshops*, palestras, aconselhamento e orientação sobre todos os aspectos relativos à carreira escolhida pelo aluno. Há informações disponíveis sobre o desenvolvimento e o planejamento da carreira, por exemplo, sobre recursos que cubram o que está envolvido em diferentes profissões, e *workshops* sobre como escrever um CV ou sobre como ir bem em entrevistas. Haverá também informações sobre experiências de trabalho e palestras sobre negócios realizados na região. Os centros também realizam feiras para recrutamento de alunos várias vezes ao ano.

Serviços para deficientes

Se você tiver alguma deficiência, por exemplo, for disléxico, tiver problemas de audição ou de mobilidade, o serviço para deficientes de sua universidade oferecerá informações, orientações e apoio. Esses serviços incluem *software* especializado, tempo extra para exames, serviço para tomar notas, transcrições (por exemplo, aulas em Braille) e serviços de áudio. Embora algumas pessoas não se inclinem a usar os serviços de apoio por causa de algum estigma associado a quem precisa de ajuda, tais serviços estão disponíveis e o aluno deve fazer uso deles ao máximo. Contate o serviço para deficientes para saber mais sobre o assunto.

Sociedades filosóficas

Muitos departamentos têm sociedades de estudo criadas pelos estudantes. Esses grupos podem ser uma boa maneira de conhecer filósofos em geral.

Eles promovem eventos, aulas e mesmo conferências, e oferecem um enfoque dedicado àqueles que estejam particularmente interessados em encontrar pessoas com interesses semelhantes.

Associações disciplinares

The British Undergraduate Philosophy Society www.bups.org

Esta sociedade foi fundada em 2005 para oferecer um *link* a alunos de filosofia de diferentes instituições. Há conferências trimestrais, a edição de um periódico para a publicação de ensaios e artigos escritos por alunos de graduação e apoio às sociedades filosóficas das instituições. Trata-se de uma associação administrada por alunos e há uma lista de *e-mails* disponíveis para discussão entre alunos do Reino Unido.

The British Postgraduate Philosophy Association
www.bppa-on-line.org/community

Esta é uma organização de voluntários formada em 1997 para promover a filosofia em nível de pós-graduação; ela expandiu-se em 2005 e passou a cobrir todas as tradições da filosofia, e para dar sustentação a alunos futuros, recentes e atuais de cursos de pós-graduação. Ela organiza uma conferência anual e uma aula magna bianual, ministrada por especialistas, além de dispor de um fórum para discussões *on-line*.

The British Philosophical Association www.britphil.ac.uk

Esta associação, reestruturada e renomeada em 2003 a partir de sua primeira manifestação, sob o nome de National Committee for Philosophy (NCP), é uma das mais importantes associações de filosofia no âmbito da educação superior no Reino Unido. Filósofos profissionais fazem parte dessa associação, bem como departamentos de filosofia (ou seus equivalentes) de instituições de ensino superior e sociedades filosóficas conhecidas.

ALGUNS TERMOS FILOSÓFICOS ÚTEIS

A lista a seguir pretende ser um guia básico para o iniciante que se depara com textos de filosofia. Não fique surpreso em descobrir que o significado dos termos é frequentemente assunto de discussão e debates filosóficos. Não deixe de comparar as definições dadas aqui com dicionários mais amplos e abrangentes.

Termos metafísicos

Estas são palavras que são usadas para dizer alguma coisa sobre o modo como o mundo **é** ou poderia ser, em contraposição ao que possamos saber sobre o mundo ou sobre como usamos a linguagem para fazer referência a esse mundo.

Essência e acidente

Trata-se de uma distinção entre os tipos de propriedades que algo tem. Considere, por exemplo, um táxi. Ele tem muitas propriedades, tais como quatro rodas, uma cor, uma direção, bancos, dimensões, etc. Os metafísicos também pensam em suas propriedades relativas, isto é, propriedades que o objeto tenha em relação a outras partes do mundo, tais como estar a uma determinada distância da calçada, estar entre duas árvores, ser o quinto em uma fila de outros táxis. Podemos então perguntar se algumas dessas propriedades são definitivas para que o táxi seja táxi – há propriedades que não poderíamos mudar sem que transformássemos o táxi em outra coisa? Por exemplo, um táxi londrino é em geral preto, mas em Nova York é amarelo: por isso, ter uma determinada cor é uma propriedade **acidental**. Acidente, quando estamos falando sobre propriedades, é algo que poderia mudar em um objeto sem que deixasse de ser o que é. Uma propriedade **essencial**, por outro lado, é uma propriedade que o objeto deve possuir. Um táxi não poderia ser um táxi se não fosse material (feito de matéria) ou se não pudesse carregar passageiros. Tais propriedades compõem a essência do táxi.

O que forma a essência de uma coisa é outra questão espinhosa com que os filósofos vêm lutando ao longo dos anos. Tome-se, por exemplo, a água. É sua essência que suas moléculas sejam formadas por H_2O? Ou tem ela outras propriedades? O que você pensa sobre isso?

Necessário e contingente

Uma propriedade, um objeto ou um fato é dito **necessário** se não puder ser de outra forma. Isto é: se for impossível, para ele, ser diferente do que é. Por exemplo, é possível que 2 + 2 = 5 e que "2", "+" "=" e "5" signifiquem o que significam? Não, pois é certo que 2 + 2 = 4 e nada mais, sendo impossível algo diferente. Por outro lado, seria possível que a xícara que está em minha mesa fosse azul e não branca. Não há nada de impossível nisso. Por isso essa condição do mundo, a cor da xícara, é dita **contingente**. Os filósofos também têm debatido o que queremos dizer quando falamos que algo é possível ou impossível e quando algo é necessário ou contingente. Há alguns seres necessariamente existentes? Deus, por exemplo? Você passará por essa espécie de discussão em muitas disciplinas filosóficas.

Observe que há uma inter-relação de essência e necessidade, mas também uma distinção. Podemos dizer que a água não precisa necessariamente existir (que é, então, contingente), mas, quando ela existir, será necessariamente H_2O. Verifique se entendeu essa distinção, usando um dicionário de filosofia e lendo textos que usem esses termos.

Termos epistemológicos

São palavras e termos usados para nos ajudar a compreender algo sobre o **conhecimento** – o que o conhecimento é e quais são os seus limites.

A priori e a posteriori

Saber algo *a priori* é saber algo somente por meio da razão, sem ter de verificar que o modo como as coisas são estejam de acordo. Por exemplo, embora inicialmente aprendamos a contar olhando o número de coisas que há (como, por exemplo, o número de botões em nossa camisa), podemos, como usuários de números, resolver cálculos que nunca encontramos antes, com base na razão apenas. Podemos ter certeza que 865.734 + 3.780.007 = 4.645.741, muito embora jamais tenhamos contado esse número de objetos. As regras da Matemática e da razão possibilitam esse conhecimento. Da mesma forma, sabemos *a priori* que todos os quadrados que existem (ou que poderiam existir) têm quatro lados e quatro ângulos – não precisamos verificar todos eles: na verdade, trabalhando a partir das regras da Geometria que conhecemos, não precisamos verificar todos eles. Alguns filósofos tais como Descartes, sobre o qual já falamos, vão além e fazem afirmações mais fortes sobre o que podemos conhecer *a priori*, e têm havido muitas discussões sobre o *status* do conhecimento *a priori*. Alguns filósofos afirmaram que os princípios morais ou a existência de Deus podem ser conhecidos *a priori*. Não há dúvida de que você encontrará o conceito de *a priori* em seus estudos.

Conhecer algo *a posteriori* é conhecer algo a partir da experiência. Por exemplo, sabemos que há sol hoje porque podemos enxergar como está o dia. Também sabemos que quando se queima sódio, produz-se uma chama amarela que é conhecida por meio da observação e experimentação. Hume argumenta que todo o conhecimento de qualquer valor é, em última análise, desta natureza. Há também um longo debate sobre o lugar do conhecimento *a posteriori* naquilo que conhecemos do mundo.

Esta é uma grande diferença de ordem filosófica e que ocorre cada vez mais na literatura filosófica. Vale a pena ter certeza de que você a entende e de que saberá discutir o assunto quando ele surgir.

Termos semânticos/lógicos

Estes termos dizem respeito a uma terceira maneira de considerar a relação entre o mundo e nós mesmos, a qual se volta à **linguagem** que usamos para falar sobre o mundo. Até aqui já discutimos como o mundo é ou poderia ser e como nós podemos conhecê-lo. Os termos a seguir são palavras sobre como a linguagem e o significado funcionam.

Analítico e sintético

Estes termos aplicam-se a enunciados, frases ou proposições (afirmações que podem ser verdadeiras ou falsas – aquelas que você contrasta com um ponto de exclamação ou de interrogação). Se você pensar sobre a verdade como algo que lhe fala de frases, então a distinção está em como essa verdade deve ser determinada. O modo como o mundo é não é nem verdadeiro nem falso em si; apenas é como as coisas são. O que *dizemos* sobre o mundo pode ser verdadeiro ou falso: Se Christopher Eccleston interpretou o doutor em *Doctor Who*, a *frase* "Christopher Eccleston interpretou o doutor em *Doctor Who*" é verdadeira.

As verdades **analíticas** são aquelas que podemos dizer que são verdadeiras com base simplesmente no significado das palavras. O exemplo clássico usado em muitos textos é "Todos os solteiros não são casados" – a verdade deste enunciado está no fato de que "solteiro" signifique "não-casado". Verdades **sintéticas** (lembre-se que isso diz respeito à linguagem e não ao mundo) são aquelas que correspondem à maneira como o mundo é, e não só à maneira como as palavras possuem significado. Por exemplo, "O ator David Tennant interpretou o doutor em *Doctor Who*" é também verdadeira porque corresponde ao mundo: é uma verdade sintética. Da mesma forma que ocorre na distinção *a priori*/*a posteriori*, há bastante debate e discussões sobre esses termos. Você consegue pensar em enunciados ambíguos que possam ser de difícil classificação, em vez de analítico ou sintético?

Índice

a priori e a posteriori 58-59, 164-166
Abstrato: ideias abstratas 34-38
Ambiguidade 57-66
Analítico: verdade analítica ver Verdade
Anotar 77-78, 80-81
Apoio, sistemas de apoio 161-163
Aprendizagem ativa 85-86
Argumento
    análise de 31-34, 40-47
    bom (verdadeiro) 40-41,48-49
    descobrindo 38-41
    validade 40-41, 48-49, *ver também* Lógica
Aristóteles 24-25, 46, 55-56, 66-67, 98-101
Associações 162-163
Aulas
    notas 76-77
    slides 78-80
Avaliação 91-92
    e *feedback* 144-150
        cumulativa 144-145
        formativa 144-145
Avaliação: avaliando material 70-71

Beauchamp, Tom 120-123
Bibliografia 30, 71-72, 157-158, *ver também* Referências
Biblioteca 27-28
    recursos da biblioteca 153-160
Blackburn, Simon 13, 153-160

Ceticismo 14
Citações
    em ensaios 113-116, 122-123, *ver também* Plágio e Referência
    em notas 71-73
Clareza 97, 160-107, 116-118
Colaboração 113-114
Comparação: questões comparativas, ver tipos de Questões
Conclusões, ver Argumento, Análise, *ver também* estrutura do Ensaio
Conhecimento anterior 44-45, 61-62
    e preparação 104-105
    quando for planejar um ensaio 119-121

Controverso: temas controversos 85-87
Cooper, Glenda 97-99, 151-152
Critérios de avaliação 106-107
Crítica: análise crítica 70-71, 131-135, 145-146

Dados, bases de dados 156-157
Definições, *ver também* termos filosóficos
Descartes, René 41-46, 55-56, 58-61, 67, 101-102, 126-133, 145-146, 149-150, 165-166
    excerto de Princípios
Descritivo: questões descritivas ver tipos de Questão
Diálogo 35-36, 77-78, 86-89, 92-93, 149-150
    diálogo socrático, ver Diálogo
Dicionário 54-55, 59-60, 116-118
    list of dictionaries 153-155
Direitos autorais 156-158
Dostoiévsky, Fyodor 98

Empirismo 53-54, 61-62
Enciclopédias 29, 153-155
    on-line 30, 160-161
Ensaios
    conteúdo 116-119
    estilo 115-116, *ver também* capítulo Como escrever 102-103
    estrutura 107-110
    exemplos 118-136
    introduções 107-109
    planejamento 120-122
Epistemologia 14-15
Escopo
    das palavras 59-17
    dos ensaios 107-108, 122-123, 134-135
Estética 14-15
Estruturação: questões estruturadas, ver tipos de Questão
Estudo de caso 11
Estudo: guias de estudo 154-156
Ética 14-15
    exemplos de ensaios 119-127
    lista de leitura 22-23
    títulos dos ensaios 97-99
Excerto da Ética 46
Excerto da Investigação 51-52, 75

Excerto do Leviathan 56-57

Filosofia da linguagem 15-16, 116-117
Filosofia: problemas filosóficos
   análise 124-125
   identificação 33-34
Fontes
   de *feedback* 145-148
   registro de 71-72, *ver também* Referência
   usando 114
Foot, Philippa 119-120, 122-124
Fraude 83-84, 97-98, 113-114, 147-148, *ver também* Plágio

Grupos pequenos 93-94

Hobbes, Thomas 55-59, 63, 67, 87-88
Hume, David 51-56, 67, 74-76, 87-88, 98-101, 165-166

Ideias inatas 126-133
Imaginação intelectual 85-88
Internet 30, 153
   recursos 159-162, *ver também* Ambiente de aprendizagem virtual
Interpretando
   questões de ensaio 134-136
   textos 32-33, 63

Kant, Immanuel 27-28, 55-56, 58-60, 63-67
   excerto da Crítica 63-64

Leibniz, Gottfried 55-56, 87-88, 115, 132-134, 165
Leitura estruturada 32-34
Leitura: listas de leitura 21-25
   exemplo 22

Linguagem técnica 51-56, 137
Livre-arbítrio 133-135
Livros 153-154. *Ver também* Textos
livros para desenvolvimento de habilidades de estudo 155-156
Lógica 15-16, 40-42
   usando a lógica 47-51

MacDonald Ross, George 67-68, 115-116
   excerto de Leibniz 115
Metafísica 12-14
Midgley, Mary 13, 82-84
   excerto de Philosophical plumbing 82

Nagel, Thomas 36-38, 66-67, 154-155
   excerto de What is it like to be a bat? 36-37

Oxford English Dictionary 56-58, 116-118

Paráfrases 113-114, *ver também* Citações
Plágio 109-117, *ver também* Referência
Platão 55-56, 66, 84, 86-88
   modelo platônico de filosofia 87-88
Premissas
   ocultas/suprimidas, ver Argumento, Análise
Preparação 88-91, 105
   colaborativa 90-91

   individual 89-90
   para ensaios 31, 102-103, 105
   para seminários 30

Questões
   análise de 104-105
   lista de questões para ensaio 97-99
   subjacentes 11
   tipos de 100-102
Questões avaliativas, ver tipos de Questão
Quine, W.V.O 53-54, 61-62, 67
   excerto de Two Dogmas of Empiricism 53-54

Referência
   Harvard 157-158
   nota de rodapé 159-160, *ver também* Plágio
Resumo de material 69-71
Revistas científicas, ver Textos

Sartre, Jean-Paul 54-56
Seminários 10, 76, 87-95
Singer, Peter 119-122
Sintético, verdade sintética, ver Verdade
Sócrates 86-89
Subjacente: questões subjacentes, ver Questões

Tempo: gerenciamento do tempo 104, 105-106
Termos filosóficos 163-166
   epistemológicos 164-166
   metafísicos 163-165
   semânticos/lógicos 165-166
Textos
   antologias 25-26, 155-156
   artigos 25-27, 155-157
   artigos da Internet 160-162
   fontes primárias 24-25, 63-64
   fontes secundárias 25-26, 63-64
   livros-texto 24-25
   revistas científicas 25-26, 155-157
   textos históricos 24-25, 55-67
   tipos de 24-30
Tipos de informação 73-74
Tipos de questão, ver Questões
Trabalhos
   exemplos de títulos 97-99, ver capítulos sobre como escrever trabalhos 102-152
Tradução 24-25
   problemas 57-67
Tutoriais, ver Seminários

Utilitarismo 66n, 108-109

Verdade
   analítica e sintética 53-54, 165-166
   condições de 49-50
Virtual: ambiente de aprendizagem virtual 95-96

Wikipedia 160
Wittgenstein, Ludwig 87-88, 110-111

Yandell, Keith E 138-139, 141-144, 165